과학은 쉽다!

★초등학교 과학 교과서와 함께 봐요!

과학 5-1 다양한 생물과 우리 생활
과학 6-2 우리 몸의 구조와 기능

* 3~6학년 과학 교과서는 출판사별로 교과 단원 순서가 달라, 순번을 표기하지 않았습니다.

차례

1 세포가 가진 놀라운 능력 우리 몸을 이루는 세포

세상에서 가장 복잡한 기계를 찾아라! · 8 사람에 비하면 우주선도 별거 아니야! · 10
단 하나의 세포에서 시작된다고? · 12 수정란은 분신술의 달인! · 14
세포 1개가 30조 개가 되기까지 · 16 수정란은 변신술의 천재! · 18
세포마다 수명이 다르다고? · 20

더 알아보기 단세포 생물과 다세포 생물 · 22 도전! 퀴즈 왕 · 24
질문 있어요! 세포가 죽으면 사람도 죽나요? · 26

2 몸이 에너지를 얻는 법 소화, 호흡, 순환, 배설 기관이 하는 일

사람도 기계처럼 에너지가 필요해! · 28 세포는 영양소와 산소로 살아가! · 30
자동차와 우리 몸을 비교해 봐! · 32 소화 기관이 영양소를 흡수해! · 34
호흡 기관이 산소를 받아들여! · 38 순환 기관이 영양소와 산소를 날라! · 40
배설 기관이 노폐물을 몸 밖으로 내보내! · 42

더 알아보기 심장이 빨리 뛰면 수명이 짧아진다고? · 44 도전! 퀴즈 왕 · 46
질문 있어요! 오줌을 못 싸거나 똥을 못 누면 어떻게 되나요? · 48

3 몸이 움직이는 법 운동 기관이 하는 일

끝내주게 단단하고, 오래가! · 50 뼈는 우리 몸을 지탱하고 보호해! · 52
뼈가 피를 만들어 내는 공장이라고? · 54 뼈와 근육 덕분에 움직일 수 있어! · 56
적은 에너지로 많은 일을 하는 근육 · 58

더 알아보기 우리 몸속 최고의 부위를 가려라! · 60 도전! 퀴즈 왕 · 62
질문 있어요! 부러진 뼈는 어떻게 다시 붙어요? · 64

4 몸이 느끼고 생각하는 법 감각 기관, 뇌, 신경이 하는 일

슈퍼컴퓨터 안 부러운 사람의 뇌 · 66 몸은 어떻게 자극을 알아차릴까? · 68
눈과 귀로 가장 많은 정보를 얻어! · 70 후각이 맛에 영향을 준다고? · 72
아픔을 느끼는 게 중요하다고? · 74 우리 몸의 대통령, 뇌 · 76
사람의 뇌는 어떤 일을 할까? · 78 우리 몸의 통신망, 신경 · 80

더 알아보기 우주보다 복잡한 사람의 뇌 · 82 도전! 퀴즈 왕 · 84
질문 있어요! 뇌가 크면 더 똑똑하다는 게 정말인가요? · 86

5 몸에서 가장 특별한 기관 생식 기관이 하는 일

두 로봇의 설계도가 섞이다! · 88 가장 특별한 세포, 정자와 난자 · 90
형제자매는 DNA가 똑같을까? · 92 남자와 여자의 생식 기관 · 94
수정란이 자라서 아기로 태어나! · 96 사람의 몸은 세상에서 가장 완벽해! · 98

더 알아보기 무성 생식은 뭐고, 유성 생식은 뭘까? · 100 도전! 퀴즈 왕 · 102
질문 있어요! 태아는 엄마 배 속에서 무엇을 하나요? · 104

① 세포가 가진 놀라운 능력

우리 몸을 이루는 세포

세상에서 가장 복잡한 기계를 찾아라!

사람에 비하면 우주선도 별거 아니야!

　사람의 몸은 이 세상 어떤 기계보다 더 복잡하고 정교해. 사람이 만들어 낸 가장 복잡한 기계들과 한번 비교해 볼까?

　자동차 1대에는 약 3만 개의 부품이 들어가. 3만 개의 부품을 하나하나 조립해서 자동차를 만드는 거야. 하지만 비행기에 비하면 자동차는 별거 아냐. 비행기 1대를 만드는 데는 약 300만 개의 부품이 필요하니까. 사람이 만든 기계 중에서 가장 복잡하다는 우주선은 어떨까? 놀라지 마. 우주선은 무려 500만 개의 부품을 조립해서 만들어.

　그럼 사람의 몸은 과연 몇 개의 부품으로 이루어져 있을까? 사람의 몸에서 부품에 해당하는 걸 **세포**라고 해. 세포는 사람의 몸을 이루는 기본 바탕이야.

　세포 하나하나를 부품이라고 하면, 사람의 몸은 약 30조 개의 부품으로 이루어져 있다고 할 수 있어. 30조 개가 얼마나 큰 숫자인지 상상이 잘 안 간다고?

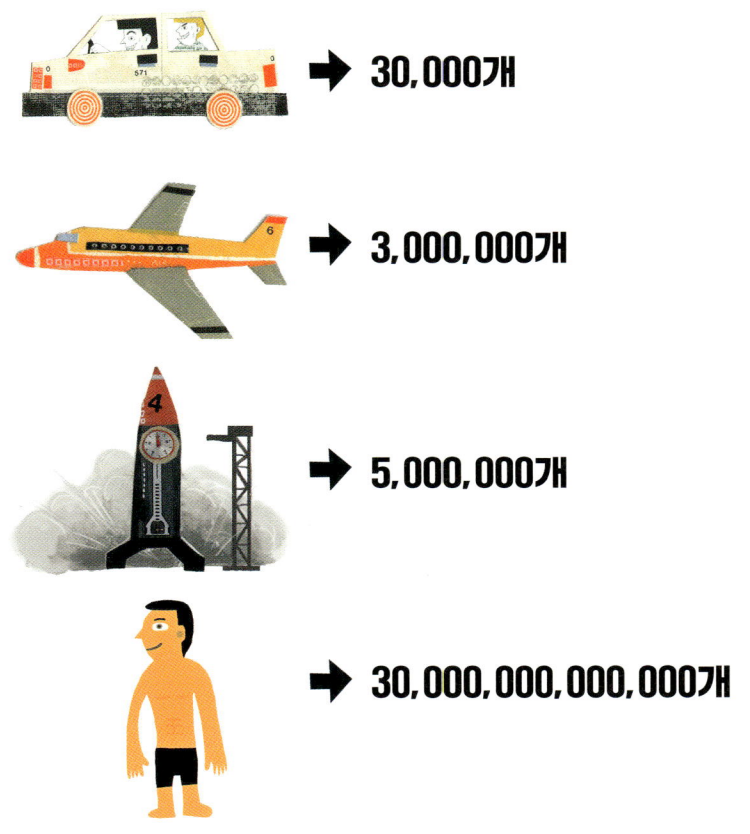

와우! 도대체 0이 몇 개야? 사람의 몸은 정말 정말 대단해! 기계는 보통 부품의 수가 많고 구조가 복잡할수록 상품으로서 가치가 높고 값도 비싸. 그렇게 보면 사람 몸의 가치는 감히 잴 수 없을 정도야. 잠시 거울에 네 몸을 한번 비춰 봐. 넌 정말 특별한 존재이니까!

단 하나의 세포에서 시작된다고?

더 놀라운 사실을 알려 줄게. 이렇게 복잡하고 정교한 사람의 몸은 단 하나의 세포에서 시작돼. 그 첫 번째 세포는 **수정란**이야. 수정란은 정자와 난자가 만나 하나로 결합해서 만들어져. 정자는 아빠에서 온 아기 씨이고, 난자는 엄마에서 온 아기 씨야. 정자와 난자가 만나는 순간, 비로소 새 생명이 시작되지.

수정란은 지름 약 0.1~0.2밀리미터의 공처럼 둥글게 생긴 구인데, 이 안에 우리 몸에 대한 정보가 다 담겨 있어. 머리카락 색깔, 눈 색깔, 얼굴 모양, 키 같은 외모에 대한 정보는 물론이고 셈을 잘하거나, 달리기를 잘하거나, 그림을 잘 그리는 것처럼 능력에 대한 정보도 담겨 있지. 기계로 치면 어마어마하게 복잡한 설계도가 아주 작은 점 하나에 모두 들어 있는 거야.

게다가 이 설계도는 사람마다 다 달라. 현재 지구의 인구가 약 78억 명인데, 그중에 나와 똑같은 사람은 1명도 없잖아? 그건 78억 개의 수정란이 모두 다르다는 뜻이야. 유일한 예외가 일란성 쌍둥이인데, 이 얘긴 나중에 하자고.

수정란은 분신술의 달인!

　이쯤에서 수정란이 가진 놀라운 능력 두 가지를 소개할게. 수정란의 첫 번째 능력은 '분신술'이야. 만화 영화를 보면 주인공의 몸이 여러 개로 나뉘어서 적과 싸우잖아. 수정란도 그렇게 여러 개로 나뉠 수 있어. 그것도 어마어마한 숫자로 말이야.

　수정란은 얼마나 많은 수로 나뉠까? 앞에서 사람의 몸을 이루는 세포가 몇 개라고 했지? 맞아, 약 30조 개. 우리 몸의 세포 중에 수정란에서 나뉘지 않은 세포는 단 1개도 없어. 모두 수정란에서 온 거야. 그러니까 수정란은 무려 30조 개의 세포로 나뉘는 셈이지.

하나의 수정란이 여러 개의 세포로 나누어지는 과정이야. 이렇게 세포 수가 점점 늘어나서 사람이 돼!

 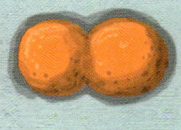  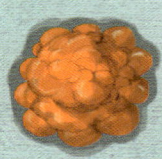 

그런데 실제로 수정란은 30조 개보다 훨씬 더 많은 수로 나뉘어.

사람의 몸에서는 끊임없이 세포가 죽고 새로운 세포가 태어나. 한 달 전의 네 얼굴과 지금의 네 얼굴은 완전히 다르다고 보면 돼. 지금의 네 얼굴은 한 달 전의 피부 세포가 모두 죽고, 새로운 피부 세포가 그 자리를 대신한 것이거든.

이렇게 죽은 세포를 대신해 만들어지는 새 세포의 수까지 계산하면, 수정란은 최소한 30조 개의 1000배, 그러니까 3경 개 정도로 나뉜다고 봐야 해. 3경이면 3 뒤에 0이 16개나 붙는 수야. 어때, 수정란의 분신술이 정말 대단하지?

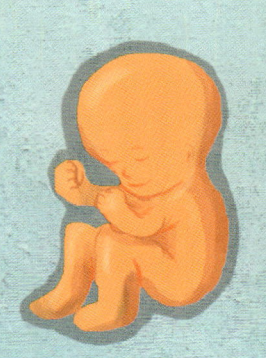

세포 1개가 30조 개가 되기까지

1개의 수정란은 어떻게 30조 개의 세포로 늘어나는 걸까?

수정란 혼자 분신술을 쓰는 거라면 세포 수가 30조 개까지 늘어나기 힘들었을 거야. 그런데 수정란의 분신술로 태어난 세포들도 수정란처럼 분신술을 쓸 수 있거든.

오른쪽 그림을 봐. 1개의 수정란이 2개, 4개, 8개, 16개……로 나뉘는 거 보이지? 이렇게 하나의 세포가 둘 이상의 세포로 나누어지는 현상을 **세포 분열**이라고 해. 수정란은 이런 세포 분열 과정을 통해 30조 개가 넘는 세포로 늘어나.

자, 여기서 문제! 세포 분열을 몇 번 해야 세포의 수가 30조 개를 넘을까?

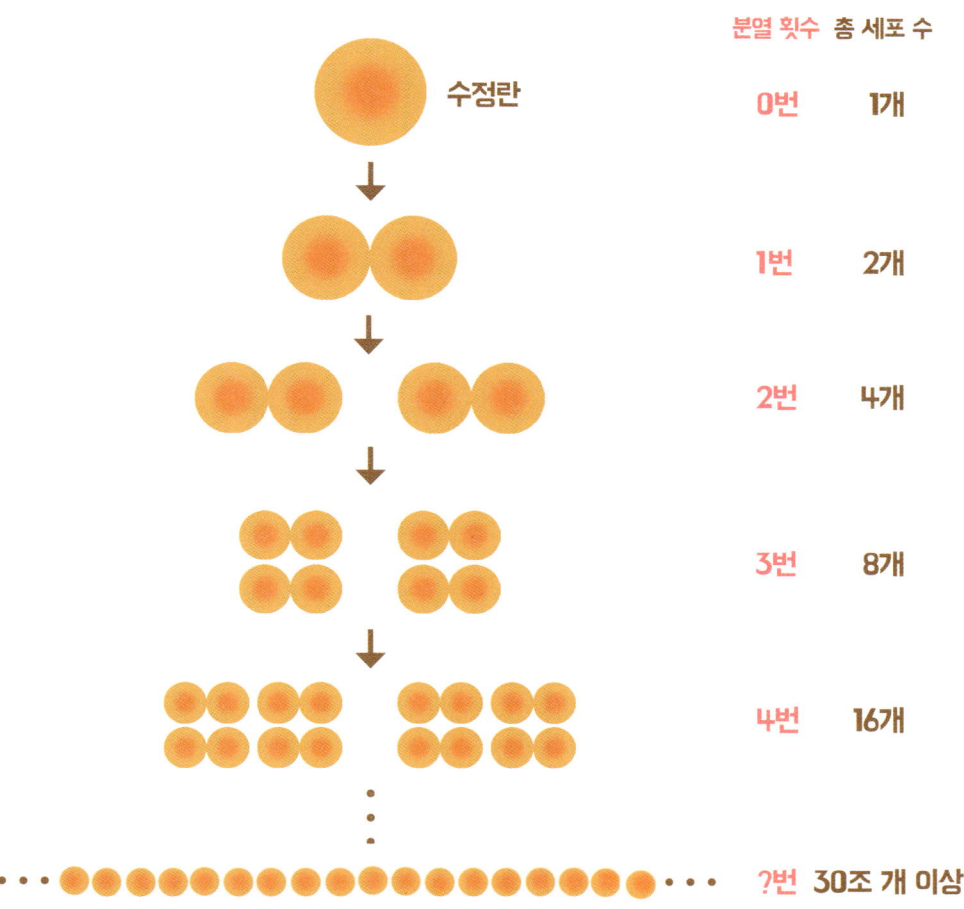

답은 45번이야. 예상보다 적다고? 그게 다 세포 분열에 의해 만들어진 세포들이 원래 세포와 똑같은 능력을 갖고 있는 덕분이야. 모든 세포들이 세포 분열을 하기 때문에 45번의 세포 분열만으로도 30조 개가 넘는 세포로 늘어날 수 있는 거지.

수정란은 변신술의 천재!

수정란의 두 번째 능력은 '변신술'이야. 아이언맨이나 스파이더맨 같은 영화 속 주인공들은 악당과 싸울 때 멋진 모습으로 변신하잖아. 수정란도 세포 분열을 해서 세포 수가 어느 정도 늘어나면, 처음과는 완전히 다른 모습으로 변신해. 게다가 영화 속 주인공들과 달리, 수정란이 변신하는 모습은 한두 가지가 아니야.

수정란이 어떤 모습으로 변신하느냐고? 위, 창자, 간, 콩팥 같은 몸속 기관을 이루는 내장 세포, 몸을 움직일 수 있게 해 주는 근육 세포, 몸의 각 부분에 여러 신호를 전달하는 신경 세포가 모두 수정란이 변신한 모습이야.

그뿐만이 아니야. 보고 듣고 맛보고 냄새 맡고 촉각을 느끼는 감각 세포, 핏속을 돌아다니며 산소를 운반하는 적혈구와 나쁜 세균을 물리치는 백혈구 같은 혈액 세포 등 수정란이 변신한 모습은 수백 가지가 넘어. 똑같은 수정란에서 나온 것이라곤 믿을 수 없을 만큼 다른 모습에, 하는 일도 다 다르지.

이렇게 세포가 특별한 모양과 기능으로 변하는 걸 세포 분화라고 해. 한번 분화한 세포는 원래 모습으로 돌아갈 수 없어. 분화한 상태로 계속 세포 분열을 해서 세포 수를 늘리지.

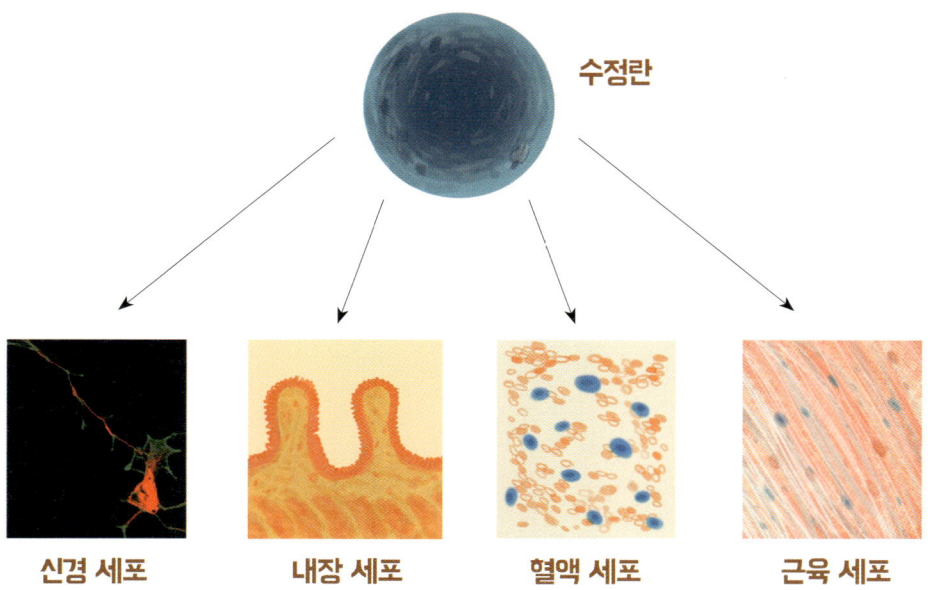

세포마다 수명이 다르다고?

분화한 세포들은 모양이나 하는 일뿐 아니라 수명도 달라. 어떤 세포냐에 따라 얼마나 살 수 있는지가 달라지는 거야.

예를 들어 위의 안쪽 벽을 이루는 위벽 세포는 약 5일밖에 못 살아. '호중구'라는 백혈구도 보통 2~5일이면 죽어. 피부 세포와 적혈구, 간 세포, 뼈 세포는 그보다는 좀 나아. 피부 세포는 한 달, 적혈구는 넉 달, 간 세포는 1년, 뼈 세포는 10년 정도 살지.

세포 중에서 가장 오래 사는 건 신경 세포야. 신경 세포는 한 번 만들어지면 사람이 죽을 때까지 살아.

세포 각각의 모양, 하는 일, 수명은 다르지만 유전자를 갖고 있는 것은 똑같아. 유전자는 세포 속에 DNA(디엔에이)라는 물질의 모습으로 들어 있는데, 겉모습이나 성격 등 부모가 자식에게 물려주는 유전 정보를 담고 있어. 그러니까 유전자는 우리 몸의 설계도 같은 거야. 앞에서 수정란이 우리 몸의 모든 정보를 담고 있다고 했잖아. 그 말은 수정란 안에 유전자가 들어 있다는 뜻이야.

재미있는 건, 한 사람의 몸에서 나온 세포는 모두 똑같은 유전자를 갖고 있다는 거야. 모양도 하는 일도 다른 신경 세포와 위벽 세포가 똑같은 유전자를 갖고 있다니 참 신기하지?

각 세포는 유전자에 새겨진 수많은 정보 중 일부분만을 써. 전체 설계도에서 저마다 몇 페이지만 쓰는 거야. 그래서 똑같은 유전자를 갖고도 다양한 모양과 기능의 세포들이 만들어지는 거란다.

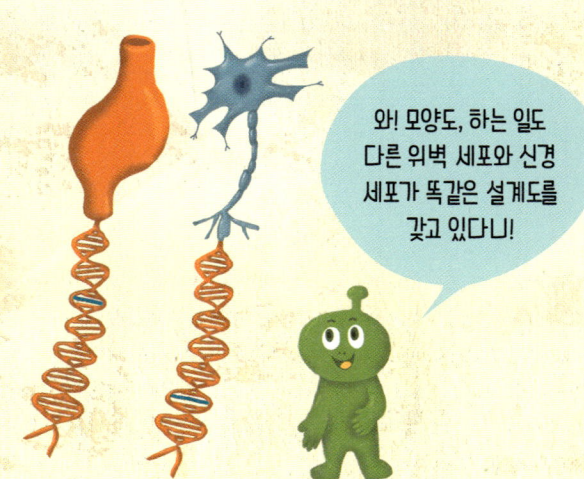

와! 모양도, 하는 일도 다른 위벽 세포와 신경 세포가 똑같은 설계도를 갖고 있다니!

더 알아보기

 단세포 생물과 다세포 생물

　세포는 생명체를 이루는 기본 단위야. 모든 생물은 최소한 1개의 세포를 갖고 있어. 단, 바이러스는 예외야. 바이러스는 세포 없이 단백질과 유전 물질로만 이루어져 있어. 혼자서는 살아갈 수 없고 다른 생물의 세포 안에서만 살 수 있지. 하지만 현대 생물학에서는 바이러스를 생물로 봐. 바이러스가 유전 물질을 갖고 있고, 개체 수를 늘릴 수 있기 때문이야.

　지구에 사는 수많은 생물들 중에는 사람처럼 여러 개의 세포로 이루어진 생명체도 있지만, 단 1개의 세포로 된 생명체도 있어. 여러 개의 세포로 이루어진 생물은 한자 '많을 다(多)' 자를 써서 **다세포 생물**이라고 해. 사람을 비롯해 개, 고양이, 쥐, 사자 등 우리가 아는 생물은 대부분 다세포 생물이야. 반면에 짚신벌레, 아메바, 유글레나, 종벌레, 세균(박테리아) 등은 1개의 세포로 이루어져 있어. 이런 생물들은 한자 '홀로 단(單)' 자를 써서 **단세포 생물**이라고 불러.

1개의 세포로 이루어진 단세포 생물

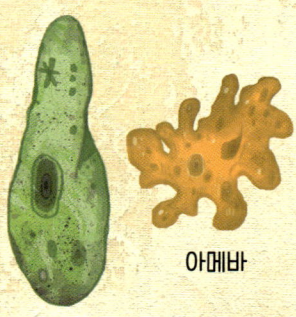

짚신벌레　　아메바

여러 개의 세포로 이루어진 다세포 생물

사람

다세포 생물은 단세포 생물보다 구조가 훨씬 복잡해. 사람을 예로 들어 볼게. 사람은 하나의 수정란이 2개, 4개, 8개, 16개, 32개……로 세포 분열해서 만들어져. 어느 정도 분열한 다음에는 특별한 모양과 기능의 세포로 분화하지.

　이때 같은 모양을 갖추고 같은 일을 하는 세포들의 모임을 조직이라고 해. 근육 세포들이 모인 근육 조직, 신경 세포들이 모인 신경 조직 등이 생기는 거지. 또 몇 개의 조직이 모여 정해진 모양을 갖추고 특별한 일을 하는 경우는 기관이라고 해. 뇌, 심장, 작은창자, 큰창자, 눈, 코, 입 등이 바로 기관이야. 비슷한 일을 하는 기관들은 다시 기관계로 묶여. 입, 식도, 위, 작은창자, 큰창자 등은 음식물을 소화시켜 몸에 흡수하는 일을 하는 소화 기관계야. 이렇게 사람의 몸은 세포와 조직과 기관과 기관계가 모여 이루어져.

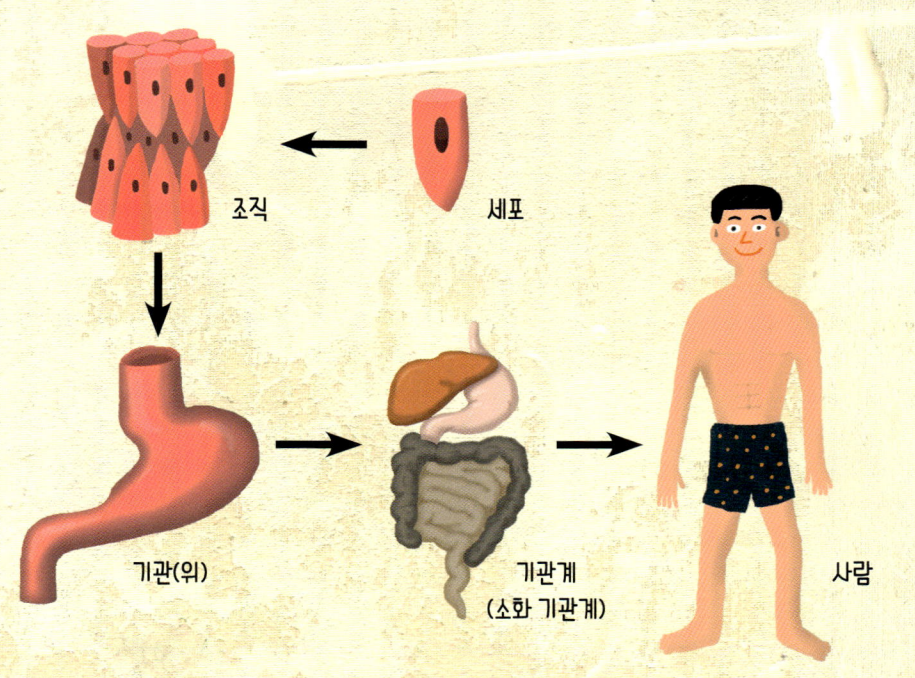

조직　　　　세포　　　　　　　　　　

기관(위)　　　기관계　　　　사람
　　　　　(소화 기관계)

⭐ 도전! 퀴즈 왕

1. 아래 상자에 쓰인 글을 잘 읽고 빈칸에 알맞은 단어를 쓰세요.

> 복잡하고 정교한 사람의 몸은 단 1개의 세포에서 시작돼요. 그 첫 번째 세포는 바로 ① _____ 이에요. 아빠에서 온 아기 씨인 ② _____ 와 엄마에서 온 아기 씨인 ③ _____ 가 하나로 결합해서 만들어지지요.

2. 아래 문장을 잘 읽고 맞으면 ○, 틀리면 × 표시 하세요.

- 수정란은 지름 약 0.1~0.2밀리미터의 둥그런 구예요. (   )
- 수정란 안에는 머리카락 색깔, 눈 색깔, 얼굴 모양, 키 같은 외모에 대한 정보가 들어 있어요. (   )
- 수정란만 둘 이상의 세포로 나누어지는 세포 분열을 할 수 있어요. (   )
- 수정란이 세포 분열해서 늘어나는 세포의 수는 30조 개보다 훨씬 많아요. (   )

3. 우리 몸의 세포 분화에 대한 설명으로 틀린 것을 고르세요.

① 세포가 특별한 모양과 기능으로 변하는 거예요.
② 한번 분화한 세포는 원래 모습으로 돌아갈 수 없어요.
③ 분화한 뒤에는 세포 분열을 해서 세포 수를 늘릴 수 없어요.
④ 세포 분화로 만들어지는 세포의 종류는 수백 가지가 넘어요.

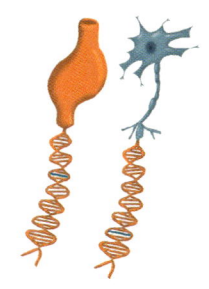

4. 아래 설명을 잘 읽고 이것이 무엇인지 쓰세요.

- 한 사람의 몸에서 나온 세포 속에 들어 있는 '이것'은 모두 똑같아요. 신경 세포와 위벽 세포는 모양도, 하는 일도 다르지만 그 안에 들어 있는 '이것'은 같지요.
- 각각의 세포는 '이것'이 갖고 있는 정보 중 일부분만을 써요. 그래서 똑같은 '이것'을 갖고도, 다양한 모양과 기능의 세포들이 만들어지지요.

>> 질문 있어요! <<

 **세포가 죽으면 사람도 죽나요?**

우리 몸에서는 날마다 세포가 죽고 새로운 세포가 태어나. 앞에서 피부 세포의 수명이 한 달이라고 했던 것, 기억나니? 그러니까 한 달 전 네 얼굴에 있던 피부 세포는 이미 모조리 죽고 없어. 그래도 네 얼굴이 괜찮은 건 죽은 세포의 수만큼 새로운 세포가 태어나서 그 자리를 대신하기 때문이야.

그런데 나이가 들거나 병에 걸리면, 죽은 세포만큼 새로운 세포가 태어나지 못할 수 있어. 죽은 세포의 빈자리를 대신할 새로운 세포가 부족해지는 거야. 이런 일이 근육이나 피부처럼 우리 생명과 직접적인 관련이 없는 기관에서 일어나면 그나마 괜찮아. 하지만 심장에서 새로운 세포가 만들어지지 못하면 어떻게 될까? 심장이 제 기능을 못하면 피가 돌지 못하고, 그러면 온몸의 세포들이 영양소와 산소를 얻지 못해 죽게 돼.

그러니까 이렇게 정리할 수 있어. 우리 몸이 늙거나 병에 걸려서 생명과 직접적인 관련이 있는 심장이나 허파 같은 기관의 세포가 죽으면, 우리는 죽을 수밖에 없어. 심장과 허파가 움직임을 멈추면 영양소와 산소를 얻을 수 없고, 영양소와 산소가 끊기면 우리 몸의 모든 세포들이 몇 분 안에 죽게 되거든.

②
몸이 에너지를 얻는 법

소화, 호흡, 순환, 배설 기관이 하는 일

사람도 기계처럼 에너지가 필요해!

세포는 영양소와 산소로 살아가!

기계를 움직이려면 에너지가 필요해. 핸드폰을 쓰려면 배터리를 충전해야 하고, 자동차를 타려면 기름을 넣어야 하고, 버너에 불을 붙이려면 가스를 채워야 하지.

기계만 그런 게 아니야. 사람도 생명을 유지하고 생각하고 움직이려면 에너지가 있어야 해. 사람의 몸속 기관 중 소화 기관, 호흡 기관, 순환 기관, 배설 기관이 바로 우리가 살아가는 데 필요한 에너지를 공급하는 일을 해.

우리 몸에 필요한 에너지를 얻기 위해 일하는 중이야.

소화 기관 호흡 기관

우리 몸의 세포들은 영양소와 산소에서 에너지를 얻어. 영양소와 산소가 없으면 모두 금세 죽고 말지.

산소는 허파 같은 호흡 기관을 통해 받아들여. 영양소는 조금 더 복잡해. 우리는 음식물에서 영양소를 얻어야 해. 그런데 밥, 빵, 과자 같은 음식물은 너무 커서 세포가 쓸 수 없어. 그래서 위, 창자 같은 소화 기관이 세포가 쓸 수 있도록 음식물을 조그마한 영양소로 바꾼 다음 흡수해.

심장, 혈관 같은 순환 기관은 호흡 기관에서 받아들인 산소와 소화 기관에서 흡수한 영양소를 세포까지 실어 날라. 그리고 콩팥 같은 배설 기관은 세포가 영양소와 산소로 에너지를 만드는 과정에서 생긴 불필요한 찌꺼기인 노폐물을 몸 밖으로 내보내.

이렇게 많은 몸속 기관들이 매일매일 열심히 일하고 있단다!

순환 기관　　　　**배설 기관**

자동차와 우리 몸을 비교해 봐!

소화 기관, 호흡 기관, 순환 기관, 배설 기관이 무슨 일을 하는지 알 것 같니? 자동차와 비교해서 보면 좀 더 쉽게 이해할 수 있을 거야. 아래 양쪽 그림에서 색깔이 같은 부분은 같은 일을 한다고 보면 돼.

정유소에서 휘발유를 만들어. 땅속에서 뽑아낸 기름에서 불순물을 없애 자동차에 쓸 수 있도록 만드는 거야.

카뷰레터(기화기)가 적당히 섞은 공기와 휘발유를 연결 파이프를 통해 엔진으로 보내.

엔진에서 휘발유와 공기 중의 산소를 폭발시켜 자동차를 움직이는 데 필요한 에너지를 얻어.

배기관에서 자동차에 불필요한 배기가스를 자동차 밖으로 내보내. 배기가스는 엔진에서 휘발유와 산소를 폭발시킨 후에 남은 수증기, 일산화 탄소, 그을음, 먼지 등으로 이루어졌어.

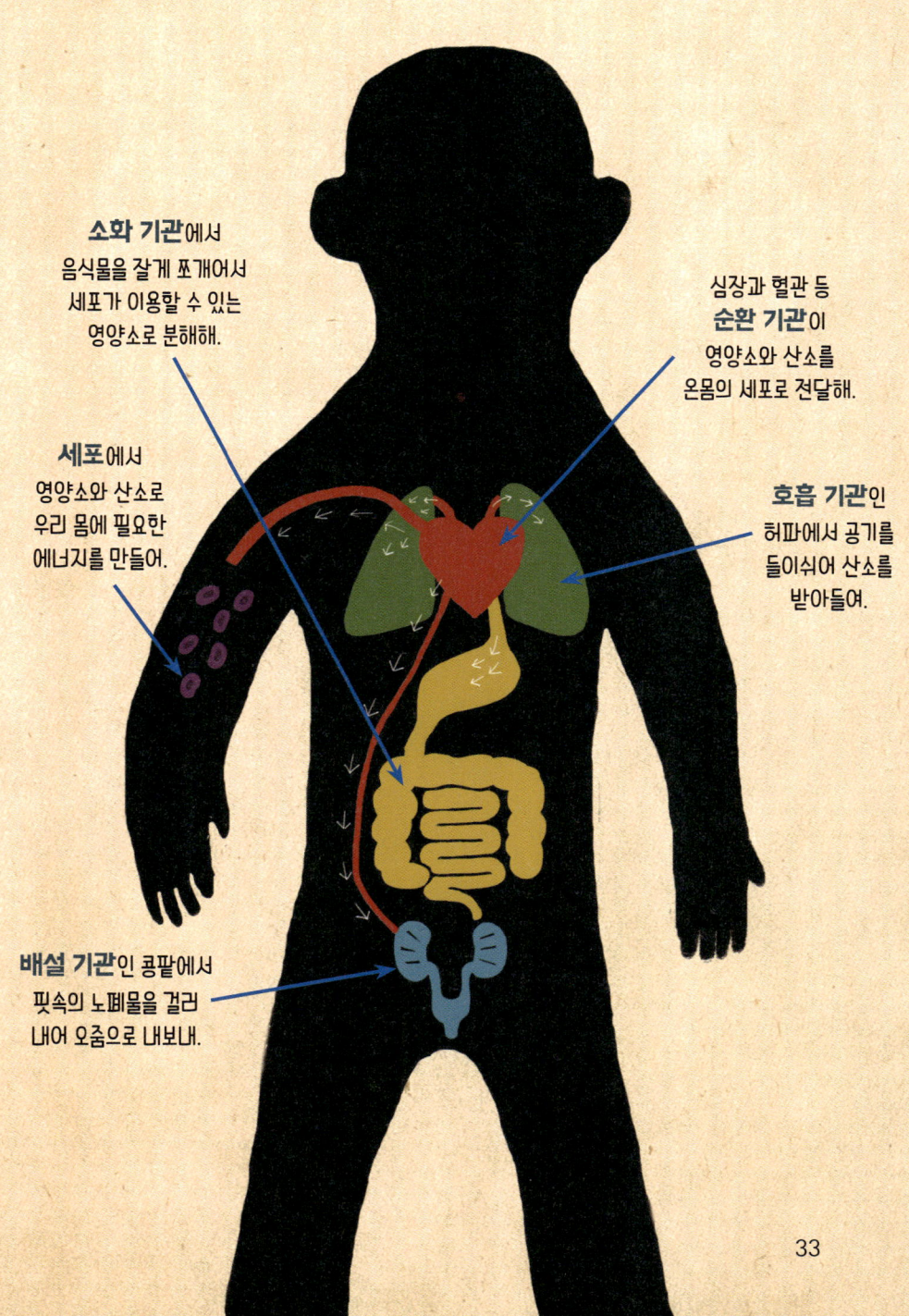

소화 기관이 영양소를 흡수해!

우리 몸이 에너지를 얻는 과정을 좀 더 자세히 알아보자. 맨 먼저 **소화 기관**에서 시작할까?

우리 몸의 첫 번째 소화 기관은 **입**이야. 입은 음식물 덩어리를 이로 꼭꼭 씹어 잘게 부순 다음 침과 골고루 섞어. 이는 우리 몸에서 가장 단단한 물질이고 턱 근육은 가장 힘센 근육이어서, 음식물을 부수는 데 그만이야. 또 침은 쌀, 감자, 고구마 같은 음식의 소화를 돕는 **소화액**이야. 침 외에도 우리 몸에서는 위액, 쓸개즙, 이자액, 창자액 등 여러 소화액이 나와.

입에서 목구멍으로 넘어간 음식물은 식도를 타고 **위**로 내려가. 음식물은 위에서 최대 4시간 정도 머물면서 물컹물컹해져. 위에서 나오는 소화액인 위액은 고기, 생선, 달걀 같은 음식을 소화시켜. 또 위액 속에는 강한 산성을 띠는 위산도 들어 있어서 음식물을 부드럽게 만들어 줘. 위산은 아주 강력해서 음식물에 섞여 들어온 세균 같은 해로운 물질을 없애는 역할도 해.

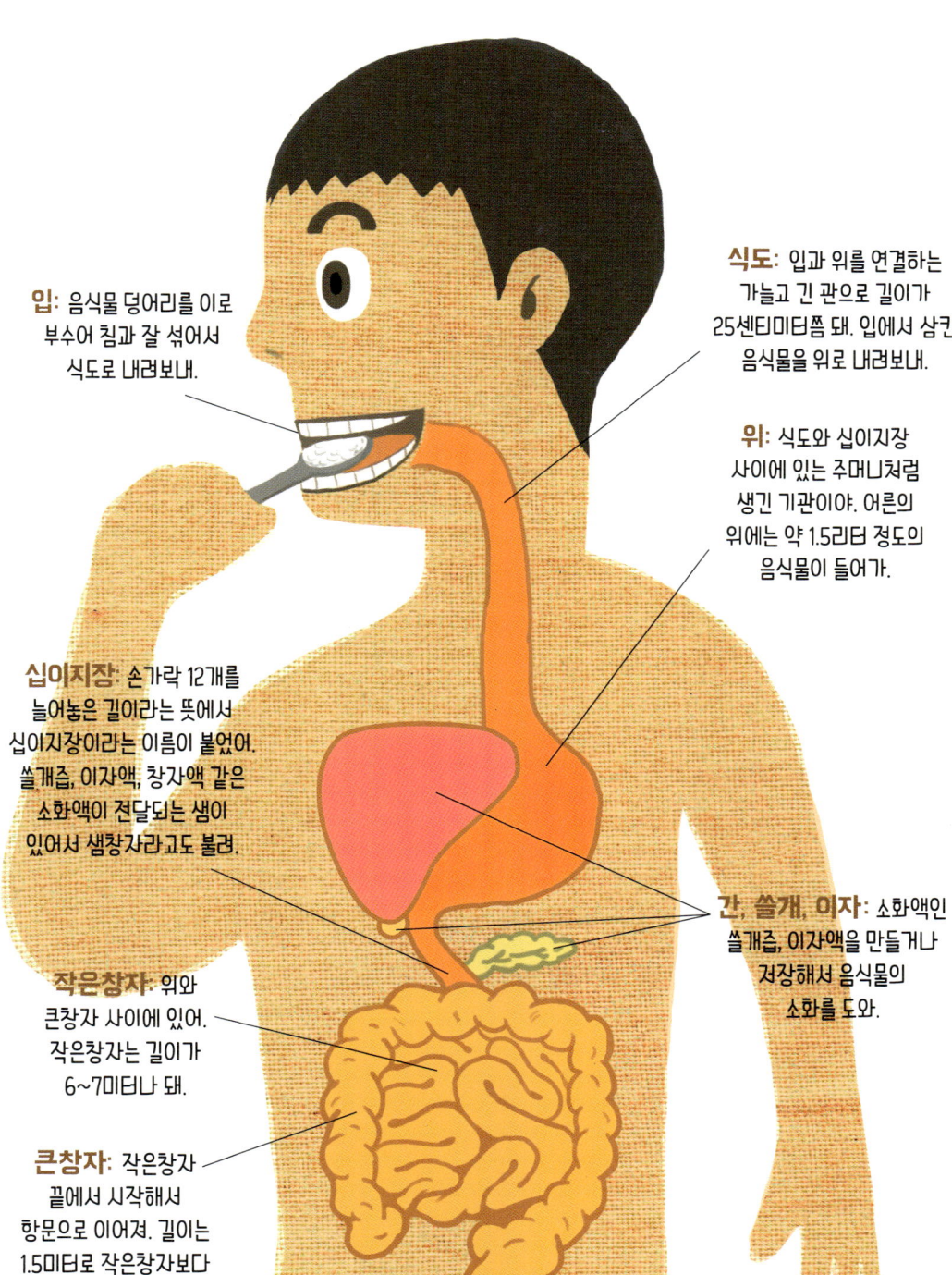

사람의 소화 기관을 한 줄로 세우면 8미터 가까이 돼. 우리나라 어른 남자의 키가 1미터 73센티미터쯤 되니까, 소화 기관의 길이는 키의 약 5배 정도 되는 셈이야. 초식 동물의 소화 기관은 사람보다 훨씬 더 길어. 예를 들어 소의 소화 기관을 줄 세우면 약 60미터나 된다고 해. 소의 몸높이가 1.2~1.5미터이니까, 소의 소화 기관의 길이는 몸높이의 40~50배나 되는 거지.

어떤 음식을 먹느냐는 소화 기관의 길이나 모양에 많은 영향을 줘. 풀, 나뭇잎 등을 주로 먹는 초식 동물은 고기를 먹는 육식 동물에 비해서 소화 기관이 더 길고 잘 발달되어 있어. 풀과 나뭇잎은 고기보다 소화시키기가 어렵거든.

위에서 물러진 음식물은 **작은창자**를 지나면서 더 잘게 부서져. 작은창자에서는 음식물을 작은 알갱이로 나누는 소화액이 잔뜩 나와. 작은창자는 십이지장, 빈창자, 돌창자로 나뉘는데 그중 작은창자가 시작되는 부분인 **십이지장**에서 특히 소화액이 많이 나와. 샘창자로도 불리는 십이지장은 쓸개즙, 이자액, 창자액 같은 소화액이 전달되는 샘을 갖고 있지.

작은창자는 소화된 영양소를 우리 몸속으로 흡수하는 일도 해. 작은창자의 안쪽 벽에는 털처럼 삐죽삐죽 솟아난 융털이 있어. 이 융털 안에 있는 림프관과 모세 혈관에서 영양소가 흡수돼.

작은창자는 큰창자로 이어져. **큰창자**는 주로 물을 흡수하는 일을 해. 작은창자에서 영양소가 흡수되고, 큰창자에서 물이 흡수된 뒤 남은 찌꺼기들은 똥이 돼. 똥은 큰창자의 끝부분인 직장에 모여 있다가 항문을 통해 우리 몸 밖으로 나와.

입으로 들어간 음식이 여러 소화 기관을 거쳐 항문에서 똥으로 나오기까지는 평균 24시간쯤 걸려.

호흡 기관이 산소를 받아들여!

사람의 몸은 쓰고 남은 영양소를 저장할 수 있어. 사람이 아무것도 먹지 않고 일주일 넘게 살 수 있는 것은 저장된 영양소를 쓸 수 있기 때문이야.

하지만 산소는 몸에 저장할 수 없어서 끊임없이 공급해 줘야 해. 이 일을 하는 것이 바로 허파 같은 **호흡 기관**이야. 숨을 들이쉬고 내쉬면서, 공기 중의 산소를 받아들이고 몸 안의 이산화 탄소를 밖으로 내보내지.

허파는 가슴 양쪽에 하나씩 있는데 우리가 숨을 들이쉬고 내쉴 때마다 늘어났다 줄어들었다 해. 숨을 들이마시면 늘어나고, 내쉬면 줄어들지.

하지만 허파 스스로 그렇게 움직이는 건 아니야. 허파가 부풀었다 오그라들었다 하는 건, 배와 가슴 사이에 있는 근육인 가로막과 갈비뼈 덕분이야. 숨을 들이마시면 갈비뼈가 올라가고 가로막이 내려가면서 허파가 부풀어 올라. 숨을 내쉬면 갈비뼈가 내려가고 가로막은 올라가서 허파가 오그라들지.

허파에서 실제로 산소와 이산화 탄소가 바뀌는 곳은 허파 꽈리야. 허파 꽈리는 얇은 막으로 된 공기 주머니인데, 바깥쪽이 혈관으로 칭칭 감싸여 있어. 그래서 숨을 들이마시면 허파 꽈리 속으로 공기가 들어오고, 허파 꽈리에서 혈관으로 산소가 들어가. 반대로 혈관에 있던 이산화 탄소는 허파 꽈리 안으로 빠져나오지.

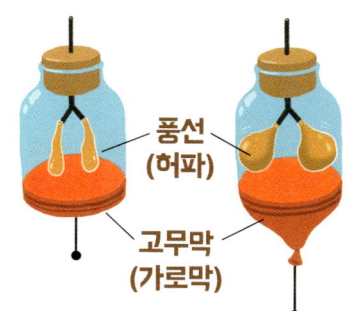

간단한 도구를 만들어서 허파가 움직이는 원리를 알아봐. 여기서 풍선은 허파, 고무막은 가로막이라고 볼 수 있어. 고무막을 아래로 당기면, 풍선 주변에서 풍선을 누르는 힘이 적어져서 풍선이 부풀어 올라.

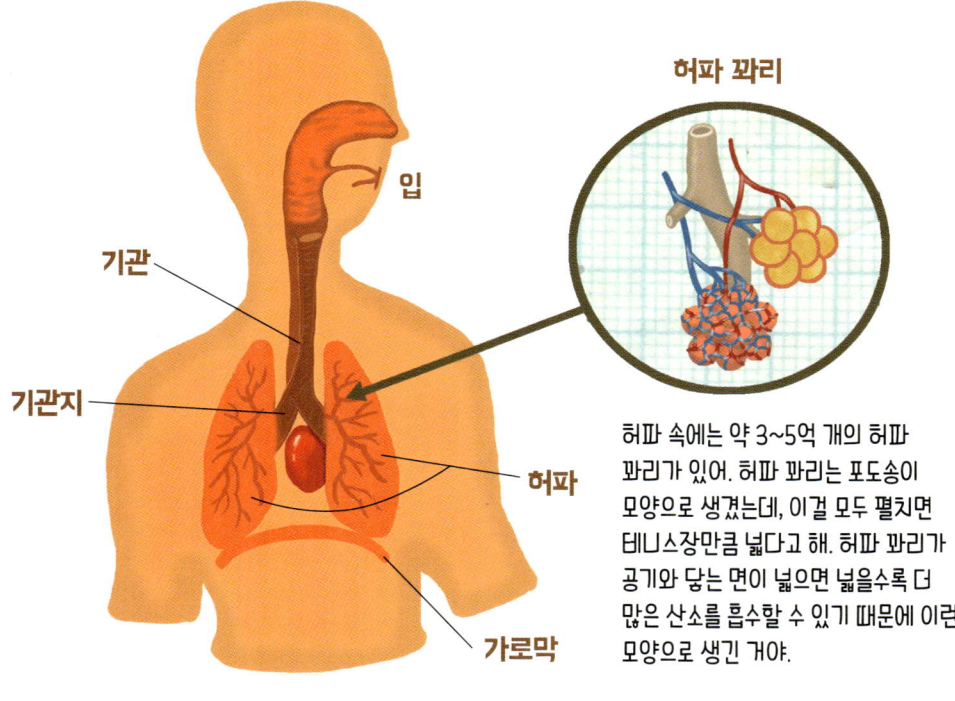

허파 속에는 약 3~5억 개의 허파 꽈리가 있어. 허파 꽈리는 포도송이 모양으로 생겼는데, 이걸 모두 펼치면 테니스장만큼 넓다고 해. 허파 꽈리가 공기와 닿는 면이 넓으면 넓을수록 더 많은 산소를 흡수할 수 있기 때문에 이런 모양으로 생긴 거야.

순환 기관이 영양소와 산소를 날라!

자, 소화 기관과 호흡 기관 덕분에 핏속에 영양소와 산소가 넉넉해졌어. 이제 영양소와 산소를 온몸의 세포로 전달해야겠지? 이 일을 하는 것이 바로 심장과 혈관 같은 **순환 기관**이야.

순환 기관은 우리 몸에서 택배와 비슷한 역할을 해. 온몸에 퍼져 있는 동맥, 정맥, 모세 혈관 등의 **혈관**을 통해 영양소와 산소뿐 아니라 이산화 탄소와 노폐물 등 다양한 물질들을 이리저리 나르지. '혈관 택배'는 못 가는 데가 없어. 눈의 수정체, 관절의 연골 등 몇몇 특별한 기관을 빼면 우리 몸은 구석구석까지 혈관으로 연결되어 있단다.

우리 몸의 혈관을 하나로 이으면 약 10만 킬로미터나 된다고 해. 지구를 두 바퀴 반 돌 수 있는 엄청난 길이지.

온몸에 영양소와 산소가 전달되려면 피가 혈관 속을 쉬지 않고 돌아야 해. 이때 피가 잘 돌도록 펌프 역할을 하는 기관이 바로 심장이야. 깊은 샘에서 물을 퍼 올리는 펌프처럼 심장은 계속해서 피를 뿜어내. 한 번 펌프질을 할 때마다 약 70밀리리터 정도의 혈액을 내뿜지.

심장은 잠시도 쉬지 않고 일해. 심장이 멎으면 피가 돌지 못하고, 피가 안 돌면 온몸의 세포가 영양소와 산소를 받지 못해 죽게 돼. 그리고 세포가 죽으면 사람도 살 수 없지. 심장이 쉬지 못하는 이유를 알겠지?

사람의 심장은 1분에 70번 정도 뛰니까, 80년을 산다고 하면 거의 30억 번을 뛰는 셈이야. 이렇게 쉬지 않고 뛰기 때문에 심장은 아주 튼튼하게 생겼어.

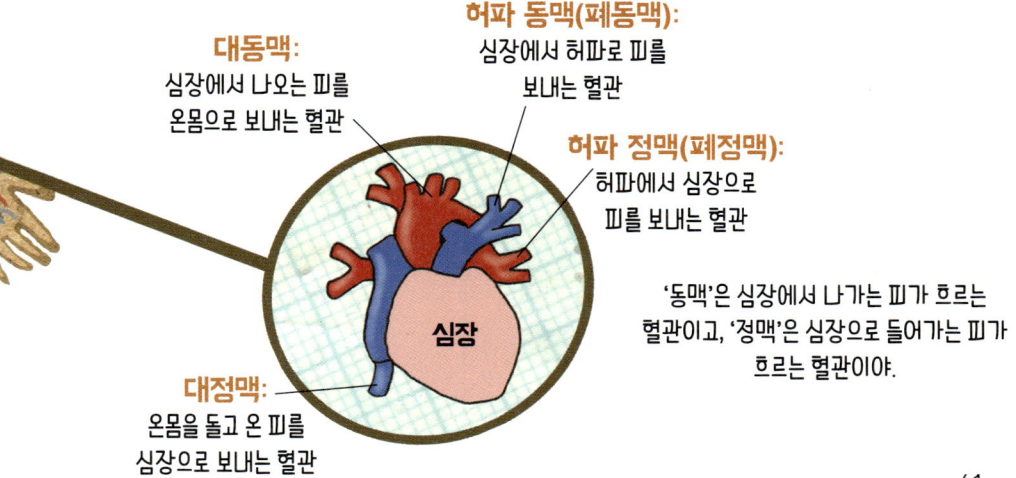

대동맥: 심장에서 나오는 피를 온몸으로 보내는 혈관

허파 동맥(폐동맥): 심장에서 허파로 피를 보내는 혈관

허파 정맥(폐정맥): 허파에서 심장으로 피를 보내는 혈관

대정맥: 온몸을 돌고 온 피를 심장으로 보내는 혈관

'동맥'은 심장에서 나가는 피가 흐르는 혈관이고, '정맥'은 심장으로 들어가는 피가 흐르는 혈관이야.

배설 기관이 노폐물을 몸 밖으로 내보내!

자, 드디어 마지막 단계야! 세포가 영양소와 산소로 에너지를 만들고 나면 노폐물이 생겨. 물, 이산화 탄소, 요소 같은 것들인데 일종의 쓰레기야. 우리 몸에 필요 없는 거거든.

세포는 이런 노폐물을 혈관에다 버려. 노폐물은 핏속에 섞여 혈관을 돌아다니다가 우리 몸의 쓰레기 처리장인 **배설 기관**에서 분리되어 몸 밖으로 버려져. 이산화 탄소는 허파에서, 물과 요소는 콩팥에서 몸 밖으로 내보내지지.

그중 **콩팥**은 핏속에 들어 있는 노폐물을 걸러 오줌으로 만드는 일을 해. 우리 몸에는 콩팥이 2개 있는데, 각각 크기가 주먹만 하고 강낭콩처럼 생겼어.

콩팥은 하루에 오줌 원액 약 180리터를 만들어. 하지만 이 중에서 실제 우리가 오줌으로 누는 건 1~2리터밖에 안 돼. 나머지는 우리 몸에 다시 흡수되어 재활용되거든.

땀을 만드는 땀샘도 콩팥과 비슷한 일을 해. 단, 땀샘은 핏속 노폐물을 걸러서 땀으로 내보내지.

하루에 사람이 오줌과 땀으로 내보내는 물은 대략 2~3리터쯤 돼. 그러니까 매일 물을 마시거나 국, 과일, 채소 등 음식으로 물을 2~3리터 정도 먹는 게 좋아.

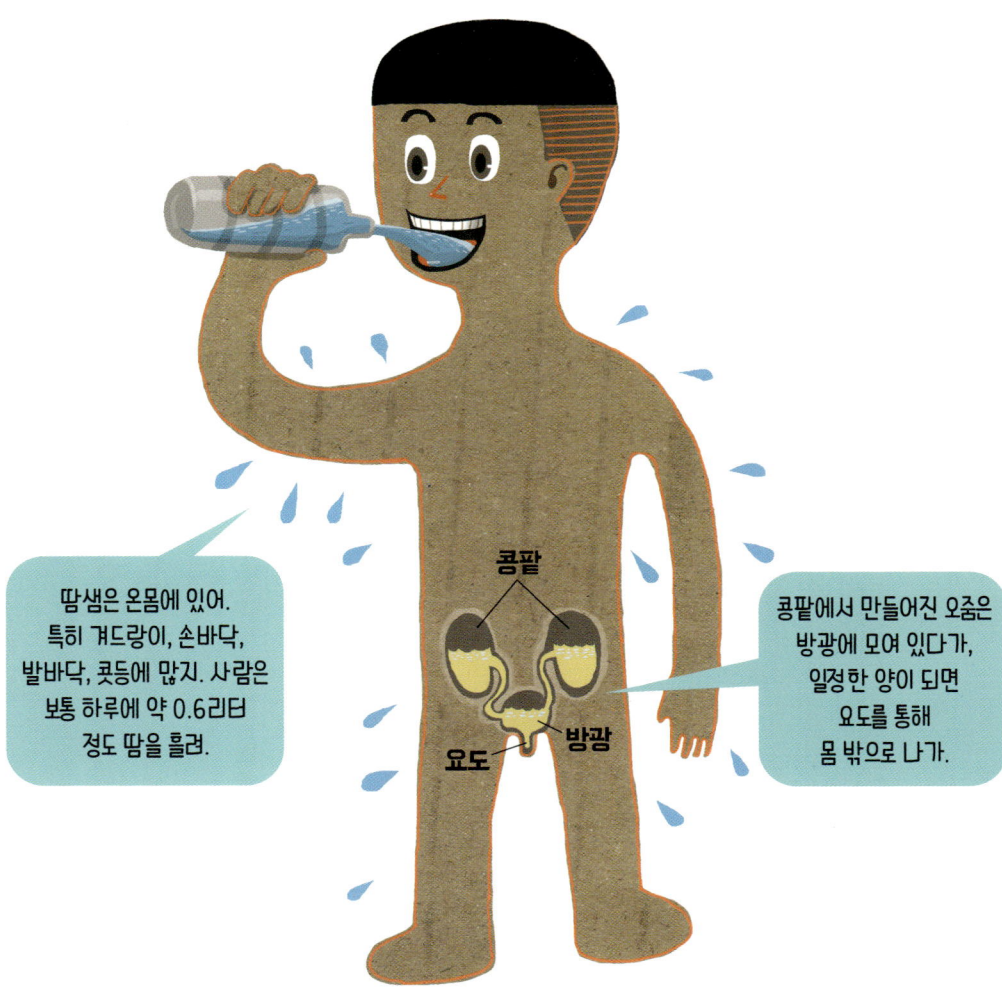

땀샘은 온몸에 있어. 특히 겨드랑이, 손바닥, 발바닥, 콧등에 많지. 사람은 보통 하루에 약 0.6리터 정도 땀을 흘려.

콩팥에서 만들어진 오줌은 방광에 모여 있다가, 일정한 양이 되면 요도를 통해 몸 밖으로 나가.

> 더 알아보기

심장이 빨리 뛰면 수명이 짧아진다고?

모든 기계에는 사용 횟수와 사용 기간이 있어. 처음에는 쌩쌩 잘 돌아가던 기계도 시간이 지나면 성능이 떨어지고, 고장이 나다가, 결국에는 멈춰 서고 말지. 보통 기계는 사용 횟수가 늘어날수록 사용 기간이 줄어들어. 기계를 많이 사용하면 오래 쓰기 힘들다는 말이야.

사람의 몸에도 기계처럼 사용 횟수와 사용 기간이 있을까? 현재 우리나라 사람의 평균 수명은 81세 정도야. 기계에 비유해 생각하면, 사람의 몸은 80년 정도 쓰면 망가져서 더 쓸 수 없게 된다는 뜻이지.

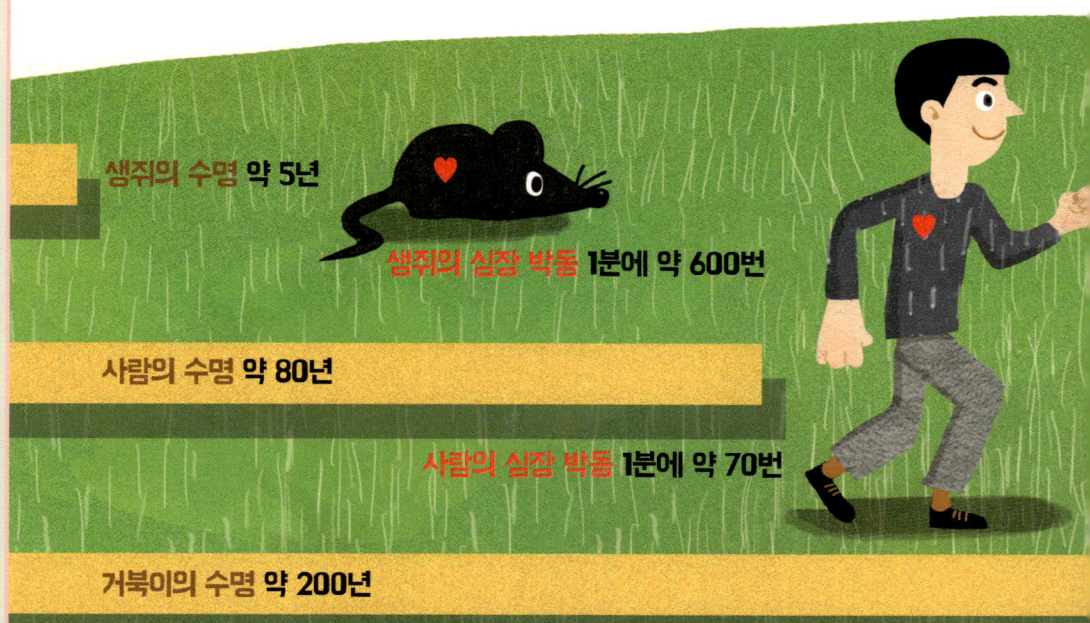

생쥐의 수명 약 5년
생쥐의 심장 박동 1분에 약 600번
사람의 수명 약 80년
사람의 심장 박동 1분에 약 70번
거북이의 수명 약 200년

사람을 비롯한 동물의 수명은 그 동물이 쓰는 에너지의 양과 관련이 있어. 그리고 어떤 동물이 시간당 얼마나 많은 에너지를 쓰는지는 심장 박동 수를 보면 알 수 있어. 심장이 뛴다는 건 온몸에 피가 돈다는 뜻이고, 피가 돈다는 건 세포에 영양소와 산소가 전달되어 에너지가 만들어진다는 뜻이니까.

　예를 들어 생쥐의 심장은 1분에 약 600번이나 뛰어. 생쥐를 한번 지켜봐 봐. 한시도 쉬지 않고 계속 움직일 거야. 에너지를 활활 불태우는 거지. 그래서인지 생쥐의 수명은 5~6년밖에 안 돼. 반대로 거북이는 심장이 1분에 10번 정도밖에 안 뛰어. 동작도 아주 느리지. 대신 거북이는 아주 오래 살아. 거북이의 평균 수명은 200년 가까이 돼.

거북이의 심장 박동 1분에 약 10번

⭐ 도전! 퀴즈 왕

1. 오른쪽 그림을 잘 보고 우리가 먹은 음식물이 어떤 소화 기관을 거치는지 순서대로 써 보세요.

   ① _____ → 식도
   → ② _____ → 작은창자
   → ③ _____ → 항문

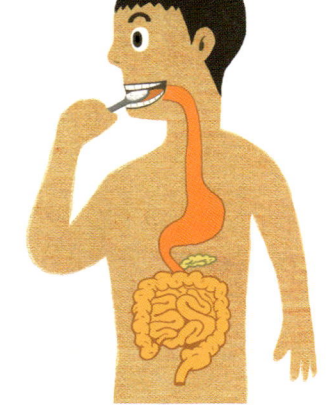

2. 아래 상자에 쓰인 글을 읽고 무엇에 대한 설명인지 쓰세요.

   - 허파에서 실제로 산소와 이산화 탄소가 바뀌는 곳이에요.
   - 얇은 막으로 된 공기 주머니로, 바깥쪽이 혈관으로 감싸여 있어요.
   - 포도송이 모양의 '이것'을 모두 펼치면 테니스장만큼이나 넓어요.

   _____

3. 설명을 잘 읽고, 상자에서 알맞은 몸속 기관의 이름을 찾아 써 보세요.

> 허파, 심장, 땀샘, 콩팥, 작은창자, 큰창자, 십이지장, 혈관, 위, 돌창자, 간, 이자, 쓸개, 식도, 기관지, 동맥

① 핏속에 있는 노폐물을 걸러서 오줌을 만들어요. (　　　)

② 강한 산성의 위산이 나와서 음식물을 물컹물컹하게 만들고 음식물에 섞여 들어온 세균을 없애요. (　　　)

③ 쉴 새 없이 쿵쿵 뛰면서 온몸에 피를 보내요. 이것이 멎으면 세포가 영양소와 산소를 공급받지 못해서 죽게 돼요. (　　　)

④ 숨을 들이쉬고 내쉬면서 공기 중의 산소를 받아들이고 몸속의 이산화 탄소를 내보내요. (　　　)

⑤ 안쪽 벽에 털처럼 삐죽삐죽 솟아난 융털이 있어서 소화된 영양소를 흡수해요. (　　　)

⑥ 눈의 수정체, 관절의 연골 등을 제외하면 우리 몸 구석구석까지 퍼져 있어요. 영양소, 산소, 이산화 탄소, 노폐물 등 다양한 물질을 이리저리 날라요. (　　　)

> **질문 있어요!**

 **오줌을 못 싸거나 똥을 못 누면 어떻게 되나요?**

오줌과 똥을 같은 것으로 생각하는 사람들이 많은데, 사실 둘은 전혀 달라. 오줌을 만드는 것은 배설 기관인 콩팥이야. 콩팥이 핏속에 들어 있는 노폐물을 걸러서 오줌을 만들지. 똥은 입으로 들어온 음식물이 소화되고 남은 찌꺼기야. 소화 기관인 큰창자에서 만들어져 항문으로 나와.

오줌과 똥에 공통점이 있기는 해. 둘 다 더럽고, 냄새가 지독하고, 독성이 있어서 우리 몸에 해로워. 또 오줌은 방광에 모아 두었다가, 똥은 큰창자의 끝부분인 직장에 쌓아 두었다가 한꺼번에 몸 밖으로 내보낸다는 것도 같아. 오줌과 똥이 생길 때마다 몸 밖으로 내보낸다고 생각해 봐. 하루 종일 아무것도 못 하고 화장실에만 있어야 할걸.

오줌을 못 싸면 방광이, 똥을 못 싸면 직장이 계속 부풀어 올라. 방광과 직장은 해로운 물질에 잘 견디는 편이지만, 오줌과 똥이 머무는 시간이 길어지면 문제가 생길 수 있어. 염증이 생기거나 피부가 썩는 등 병에 걸릴 수 있거든. 또 독성이 있는 물질을 몸 밖으로 오랫동안 내보내지 못하면 언젠가는 '빵!' 하고 터질 수도 있어. 그러니까 오줌이나 똥이 마려우면 참지 말고 바로바로 눠야 해.

③
몸이
움직이는 법

운동 기관이 하는 일

끝내주게 단단하고, 오래가!

뼈는 우리 몸을 지탱하고 보호해!

찰흙으로 인형을 만든다고 생각해 봐. 피라미드처럼 아래쪽은 넓게, 위쪽은 좁게 만들지 않으면 인형이 금세 무너져 버릴 거야. 하지만 철사로 인형의 모양을 잡은 다음 찰흙으로 감싸면 그런 걱정을 할 필요가 없어.

사람의 몸에서 철사 같은 역할을 하는 것이 바로 뼈야. 우리가 몸을 잘 지탱할 수 있는 것은 몸속에 뼈가 있기 때문이야. 어른의 경우 머리뼈, 갈비뼈, 등뼈, 팔뼈, 다리뼈, 손뼈 등 모두 206개의 뼈가 우리 몸을 단단히 버티고 있어.

뼈는 사람의 몸이라고는 믿을 수 없을 만큼 단단해. 도로를 닦거나 건물을 지을 때 쓰는 콘크리트보다 4배는 더 튼튼하지. 또 뼈는 무척 가볍기도 해. 사람이 만든 가장 가벼운 소재 중 하나인 탄소 섬유도 뼈만큼 가볍지는 않아.

이런 성질 덕분에 뼈는 우리 몸속의 중요한 기관들을 보호하는 역할도 해. 뼈가 없었다면 우리 몸은 작은 충격에도 뇌, 심장, 허파 같은 기관들을 다쳐서 죽고 말았을 거야.

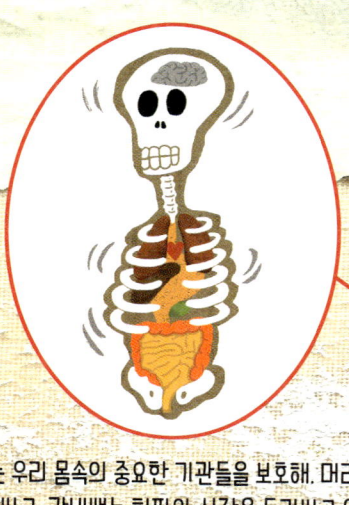

뼈는 우리 몸속의 중요한 기관들을 보호해. 머리뼈는 뇌를 감싸고, 갈비뼈는 허파와 심장을 둘러싸고 있지. 특히 뇌는 눈, 코, 입, 귀가 있는 부분을 제외하면 온통 뼈로 단단하게 싸여 있어.

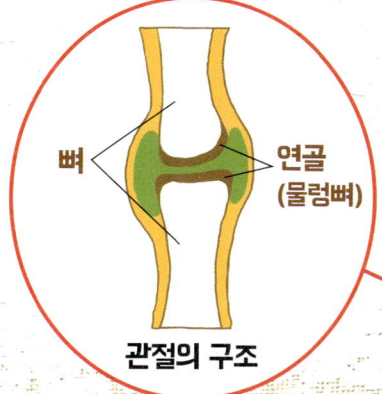

관절의 구조

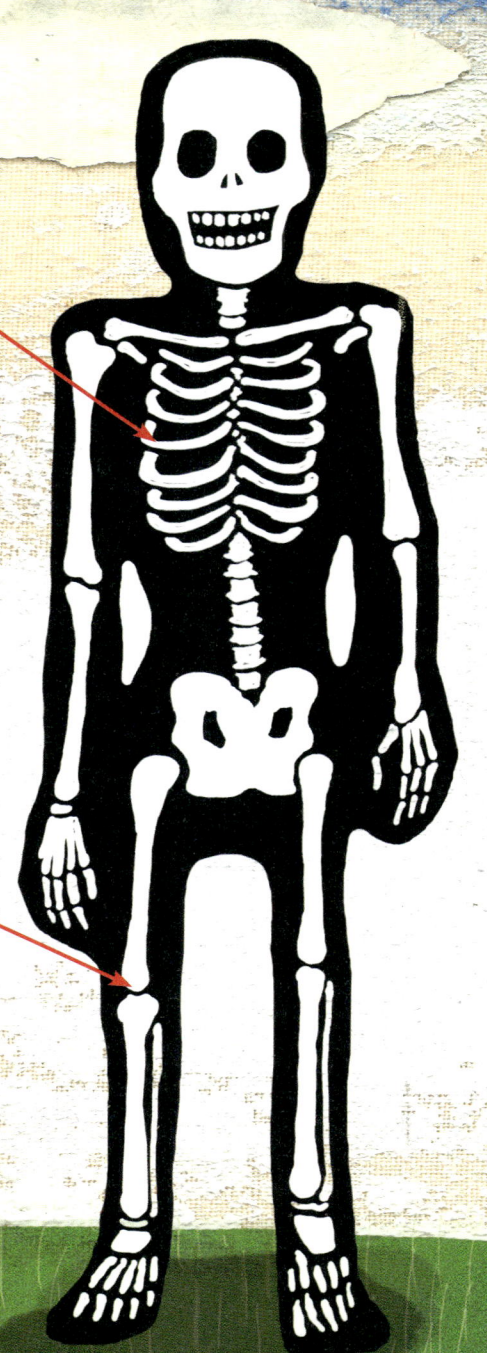

우리가 팔이나 다리, 손가락이나 발가락을 자유롭게 움직일 수 있는 것은 관절 덕분이야. 관절은 뼈와 뼈를 연결해 주는 부분이야. 관절에는 물렁물렁한 연골(물렁뼈)이 있어서 뼈들이 부딪히지 않도록 막아 줘.

뼈가 피를 만들어 내는 공장이라고?

또 하나, 뼈는 우리 몸에서 아주 중요한 일을 담당하고 있어. 바로 우리 몸에 흐르는 피를 만드는 거야! 와우! 정말 놀랍지 않니? 피를 만드는 게 뼈라니!

많은 사람들이 뼈를 죽은 조직으로 오해해. 살아 있다고 보기에는 뼈가 너무 단단하기 때문일까? 어쩌면 공포 영화에 자주 나오는 해골 때문인지도 몰라.

하지만 뼈는 살아 있는 조직이야. 그것도 우리 몸에서 가장 생명력이 넘치는 조직 중 하나이지.

뼈의 안쪽을 골수라고 부르는데, 단단한 뼈의 바깥쪽과 달리 부드러운 조직으로 채워져 있어. 바로 여기에서 적혈구, 백혈구, 혈소판 같은 혈액 세포들이 태어나.

우리 몸에서 새로운 세포가 가장 빠른 속도로 태어나는 곳이 바로 골수야. 하루에만 약 적혈구 20억 개, 백혈구 9억 개, 혈소판 70억 개가 만들어지지. 어때? 뼈가 더욱 대단하게 느껴지지 않니?

골수는 사람 몸무게의 약 4퍼센트를 차지해. 네 몸무게가 30킬로그램이라면 골수의 무게는 1.2킬로그램 (30킬로그램 x 4퍼센트) 정도 되는 거야.

얘들이 모두 내 자식이라니까, 하하하.

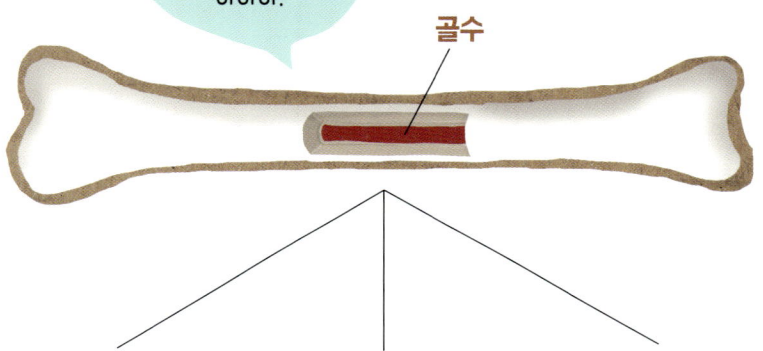

골수

적혈구는 산소를 실어 날라.

백혈구는 밖에서 들어온 세균 등을 싸워 없애.

혈소판은 상처가 났을 때 흐르는 피를 멈추게 해.

적혈구　　　　　　백혈구　　　　　혈소판

뼈와 근육 덕분에 움직일 수 있어!

뼈는 근육과 함께 우리 몸을 움직이는 일도 해. 뼈와 근육은 단짝 친구야. 뼈는 스스로는 못 움직이지만, 근육이 힘을 쓸 수 있도록 받쳐 주는 역할을 해. 근육은 뼈에 붙어 오그라들었다 펴졌다 하면서 뼈를 움직여. 그래서 뼈와 근육을 운동 기관이라고 해.

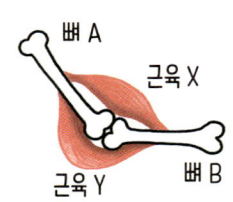

왼쪽 그림을 봐. 뼈 A와 뼈 B는 관절로 연결되어 있고, 근육 X와 근육 Y의 양쪽 끝은 뼈 A와 뼈 B에 붙어 있어.

이제 아래 그림을 봐. 근육 X가 오그라들어 수축하면 팔이 굽혀져. 그리고 근육 Y가 수축하면 팔이 펴지지. 어때? 이해가 되니? 이게 바로 근육이 뼈를 움직이는 방식이야.

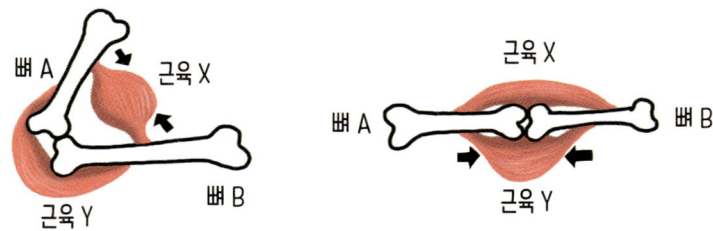

여기서 기억해야 할 것은 근육은 수축하는 방향으로만 힘을 쓴다는 거야. 관절을 중심으로 근육이 뼈 양쪽에 붙어 있는 것은 그래서야. 팔이나 다리를 굽히고 펴려면, 굽힐 때 힘을 쓰는 근육과 펼 때 힘을 쓰는 근육이 각각 따로 있어야 해.

자, 그럼 제대로 이해했는지 한번 시험해 보자고. 손바닥이 아래로 가게 책상 위에 올려놓은 다음, 집게손가락을 까닥하고 위로 들어 올려 봐. 어떤 근육이 어떻게 쓰였는지 설명할 수 있겠어? (답은 아래에 있어.)

같은 방법으로 높이뛰기를 하거나 턱걸이를 할 때, 어떤 근육을 쓰는지도 생각해 봐. 더 높이 뛰려면 어떤 근육을 발달시켜야 할까? 턱걸이를 잘하려면 어떤 근육을 키워야 할까? 실제로 많은 운동 경기의 코치들이 이렇게 우리 몸의 근육에 대해 질문을 던지고 답하면서 선수들을 훈련시키고 있단다.

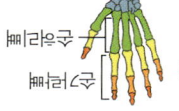

답: 팔뚝에는 손가락을 굽히는 근육과 펴는 근육이 따로 있어. 손가락을 펴는 근육은 손등 위의 팔뚝에, 손가락을 굽히는 근육은 손바닥 아래의 팔뚝에 있지.

적은 에너지로 많은 일을 하는 근육

근육은 우리 몸에서 가장 무게가 많이 나가. 사람은 보통 몸무게의 약 40퍼센트가 근육이라고 해. 네 몸무게가 30킬로그램이라면, 근육이 12킬로그램인 거야.

무게가 많이 나가는 만큼, 근육이 쓰는 에너지의 양도 많아. 단, 근육은 에너지를 아주 효율적으로 사용해. 이번에도 자동차와 비교해 볼게. 어른들이 자동차를 살 때 연비를 따지는 거 본 적 있니? 연비는 연료 1리터를 넣었을 때 자동차가 얼마나 멀리까지 달릴 수 있는지를 표시한 거야. 연비가 좋은 차는 적은 연료로 더 멀리까지 달릴 수 있어서, 연료비를 아낄 수 있어.

30kg   12kg

그렇다면 근육의 연비는 얼마나 될까? 몸무게 60킬로그램인 사람이 자전거로 20킬로미터를 가려면 대략 600킬로칼로리의 에너지가 소모된다고 해. 이걸 자동차의 경우로 바꿔 계산하면 연료 1리터로 무려 255킬로미터를 가는 것과 같아.

보통은 자동차에서 연료 1리터로 20킬로미터만 가도 연비가 좋은 자동차라고 하거든. 근육의 연비는 자동차보다 10배 이상 더 높다는 얘기지.

더 알아보기

🐸 우리 몸속 최고의 부위를 가려라!

뼈가 가장 많은 기관: 정교하게 움직여야 하는 손에 가장 많은 뼈가 있어. 한 손에 27개씩, 양손의 뼈를 다 합하면 54개나 되지. 어른의 경우 온몸의 뼈가 총 206개니까 조그마한 손에 전체 뼈의 약 26퍼센트가 있는 셈이야.

가장 단단한 물질: 사람의 몸에서 가장 단단한 물질은 바로 이야! 이는 못이나 유리보다 단단해. 그렇다고 직접 시험해 보지는 마.

가장 자유로운 근육: 혀는 8개의 근육으로 이루어져 있어. 근육의 한쪽 끝만 고정되어 있는 덕분에 혀는 어떤 방향으로든 맘대로 움직일 수 있지.

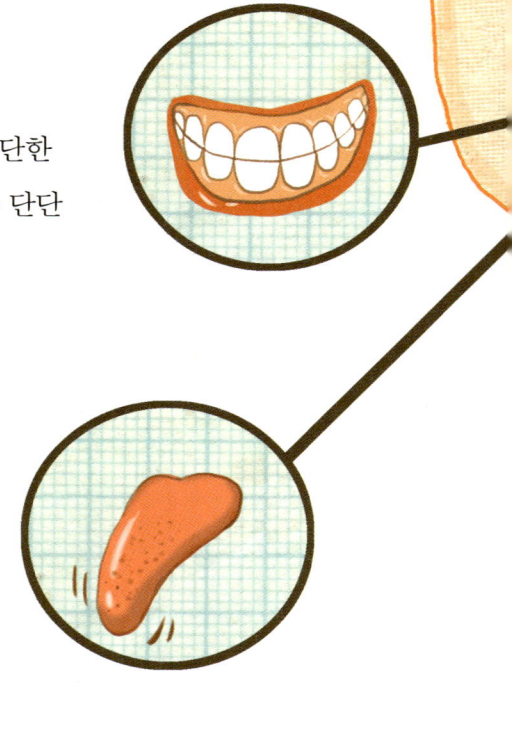

가장 작은 뼈: 귀 안에도 뼈가 있다는 거 아니? 사람의 귀 안에는 3개의 뼈가 있는데, 그중 등자뼈라고 부르는 뼈는 길이 3밀리미터, 폭 2.5밀리미터 정도로 우리 몸에서 가장 작아.

가장 힘센 근육: 음식을 먹을 때 쓰는 턱 근육은 힘이 무지무지 세. 사람의 턱 근육이 무는 힘은 50~100킬로그램에 달해. 웬만한 사람의 몸무게보다 더 큰 무게를 물 수 있는 거야. 그나마 사람은 약한 편이야. 하이에나의 무는 힘은 약 500킬로그램, 악어는 약 1000킬로그램이나 된다고 해.

가장 큰 뼈: 무릎과 골반 사이에 있는 넙다리뼈는 우리 몸에서 가장 길고 큰 뼈야. 어른 남자의 넙다리뼈는 길이가 40~50센티미터나 돼.

⭐ 도전! 퀴즈 왕

1. 사람의 뼈에 대한 설명으로 틀린 것을 고르세요.

① 뼈는 사람의 몸을 지탱하고, 근육이 힘을 쓸 수 있도록 받쳐 줘요.

② 뼈는 뇌, 심장, 허파 같은 몸속 기관을 보호해요.

③ 어른의 경우 머리뼈, 갈비뼈, 등뼈, 팔뼈, 다리뼈 등 모두 206개의 뼈가 있어요.

④ 뼈는 굽혔다 폈다 하면서 스스로 움직일 수 있어요.

⑤ 뼈 안쪽에 있는 골수에서 적혈구, 백혈구, 혈소판 같은 혈액 세포들이 만들어져요.

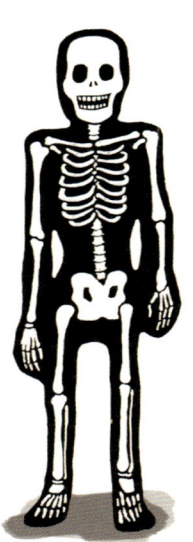

2. 아래 상자에 쓰인 글을 읽고 무엇에 대한 설명인지 쓰세요.

- '이것'은 뼈와 뼈가 서로 맞닿아 연결되는 곳이에요. 물렁물렁하고 구부러지기 쉬운 물렁뼈가 있어서 뼈들이 부딪히는 것을 막아 줘요.

- 팔, 다리, 손가락, 발가락을 자유롭게 움직일 수 있는 것은 모두 '이것' 덕분이에요.

3. 근육이 뼈를 움직이는 과정을 설명한 글이에요. 잘 읽고 괄호 안의 단어 중 맞는 것에 동그라미 치세요.

(근육 X, 근육 Y)가 수축하면 팔이 굽혀지고,
(근육 X, 근육 Y)가 수축하면 팔이 펴져요. 근육은
(수축하는, 이완하는) 방향으로만 힘을 쓸 수 있어요.
관절을 중심으로 뼈 (양쪽, 한쪽)에 근육이 붙어 있는 것은
그래서이지요.

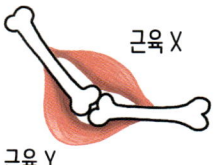

4. 왼쪽 설명에 알맞은 뼈와 근육을 찾아 줄을 그어 보세요.

① 사람의 몸에서 가장 단단한 물질	㉠ 넙다리뼈
② 사람의 몸에서 가장 큰 뼈	㉡ 손
③ 가장 자유로운 근육	㉢ 혀
④ 사람의 몸에서 가장 작은 뼈	㉣ 이
⑤ 뼈가 가장 많은 기관	㉤ 등자뼈

질문 있어요!

 **부러진 뼈는 어떻게 다시 붙어요?**

죽은 사람을 땅에 묻으면, 몸의 다른 부분이 모두 썩어 없어진 뒤에도 뼈는 오랫동안 썩지 않고 남아 있어. 그래서인지 뼈가 살아 있다는 걸 깜박하는 친구들이 많은 것 같아.

사실 뼈는 대단히 생명력 넘치는 조직이야. 앞에서 살펴본 것처럼 뼈는 우리 몸의 피를 만드는 곳이야. 뼈 안쪽에 있는 골수에서 적혈구, 백혈구, 혈소판 같은 혈액 세포들이 태어나지.

부러진 뼈가 다시 붙는 것도 뼈가 살아 있는 조직이기에 가능한 일이야. 뼈가 부러져서 병원에 가면 의사 선생님이 뼈를 원래 위치대로 맞춘 다음 석고 붕대로 고정시켜 줘. 그러면 뼈가 부러진 면에서 흘러나온 피가 뼈와 뼈 사이를 메운 채 딱딱하게 굳어. 그렇게 몇 주가 지나면 부러진 뼛조각 주위에 새로운 뼈조직이 생겨. 이 뼈조직이 점점 단단해지면서 부러진 양쪽 뼈를 접착제처럼 이어 붙여.

뼈와 뼈 사이에 새로운 뼈조직이 생겨나서 부러진 뼈를 이어 붙이는 원리를 이용해 키가 매우 작거나, 한쪽 팔다리가 짧아서 불편을 겪는 사람들을 치료하기도 해. 긴뼈의 가운데 부분을 자른 다음, 매일 뼈의 양 끝을 조금씩 잡아당겨서 그 사이에서 새로운 뼈가 생겨나게 하는 거야.

④

몸이 느끼고
생각하는 법

감각 기관, 뇌, 신경이 하는 일

슈퍼컴퓨터 안 부러운 사람의 뇌

몸은 어떻게 자극을 알아차릴까?

우리 몸 바깥에서 일어나는 다양한 자극을 받아들여 뇌에 전달하는 눈, 코, 귀, 혀, 피부 등을 **감각 기관**이라고 해. 우리 몸의 감각 기관은 각각 전문 분야가 있어. 눈은 빛의 자극을 받아들이는 시각, 코는 냄새를 맡는 후각, 귀는 소리를 느끼는 청각과 몸의 균형을 느끼는 평형 감각, 혀는 맛을 느끼는 미각, 그리고 피부는 물건이 닿을 때 느끼는 촉각을 맡고 있지.

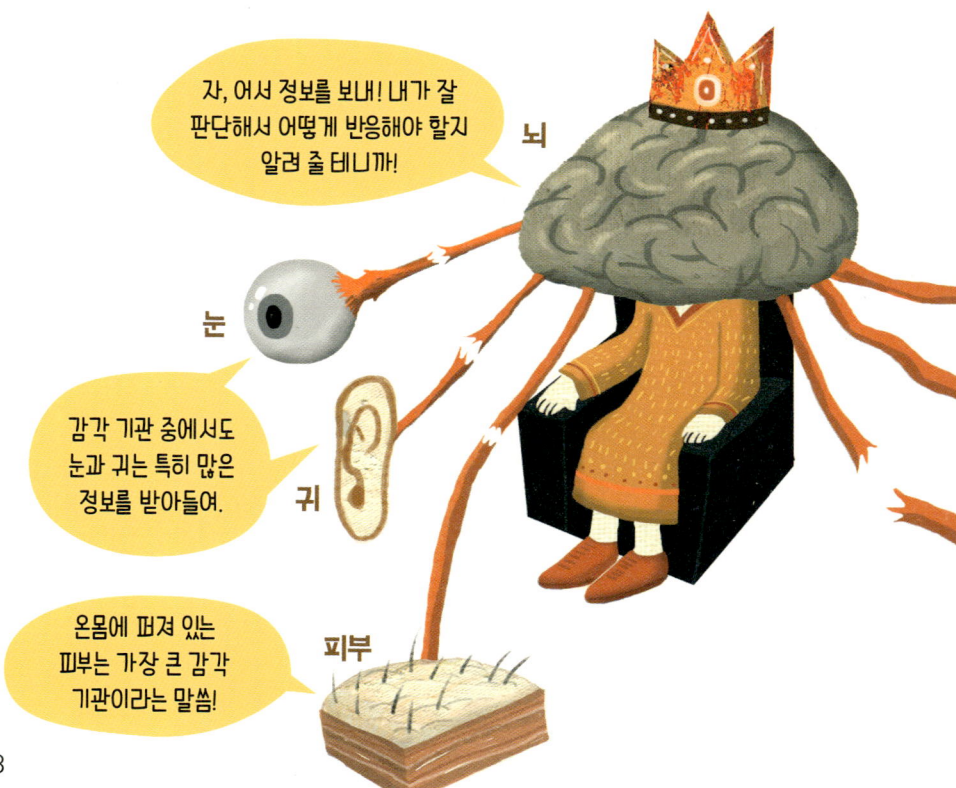

자, 어서 정보를 보내! 내가 잘 판단해서 어떻게 반응해야 할지 알려 줄 테니까!

뇌

눈

감각 기관 중에서도 눈과 귀는 특히 많은 정보를 받아들여.

귀

온몸에 퍼져 있는 피부는 가장 큰 감각 기관이라는 말씀!

피부

감각 기관이 받아들인 정보는 뇌의 판단을 거쳐 어떤 특별한 행동으로 이어지거나 뇌에 저장돼.

아래 글을 읽고 어떤 감각인지 떠올려 봐.

"공원 풀밭에 누워 손끝으로 까슬까슬한 잔디를 쓰다듬었어. 강아지가 '멍멍' 짖는 소리에 몸을 일으키니, 저 멀리 하늘이 빨갛게 물들고 있어. 바람결에 실려 온 들꽃 냄새가 싱그러워. 사과를 꺼내 한입 베어 무니 새콤한 즙이 입 안 가득 퍼져."

어때? 이야기만 듣고도 어떤 감각인지 충분히 알 수 있지? 우리 뇌에 까슬까슬한 잔디(촉각), 강아지 소리(청각), 붉은 하늘(시각), 들꽃 냄새(후각), 사과의 새콤한 맛(미각)에 대한 감각이 저장되어 있기 때문이야.

눈과 귀로 가장 많은 정보를 얻어!

감각 기관을 통해 얻는 정보의 양을 볼 때 시각과 청각은 무척 중요한 감각이야. 특히 시각이 그래. 뇌는 생각하거나 판단할 때 눈으로 본 정보에 크게 의존하는 경향이 있거든.

사람의 눈은 어떻게 사물을 볼까? 눈동자를 통해 들어온 빛이 눈알 가장 안쪽에 있는 망막에 상을 맺으면, 망막의 시각 세포들이 이를 받아들여 뇌에 자극을 전달해. 한쪽 눈에 약 1억 3000만 개씩 총 2억 6000만 개의 시각 세포를 통해 들어온 정보는 뇌에서 바로바로 영상으로 만들어져. 이게 바로 우리가 무언가를 보는 과정이야.

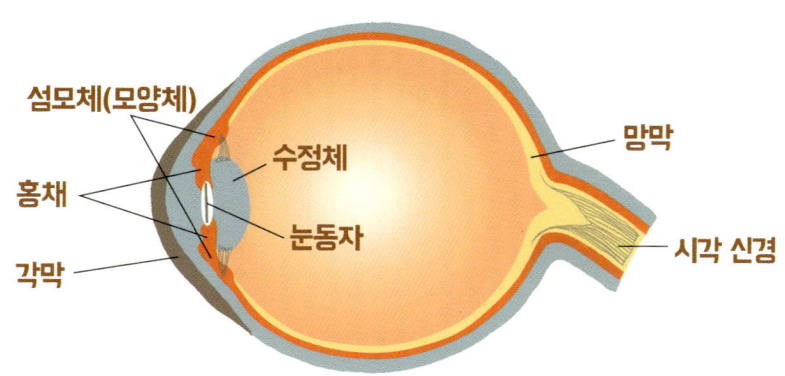

우리 눈은 아주 정밀하고 복잡한 기관이야. 과학자들은 아무리 의학 기술이 발달해도 안구 이식, 그러니까 한 사람의 눈알을 떼어 내어 다른 사람에게 옮겨 붙이는 일은 불가능할 거라고 말해.

한편 청각은 우리 몸에서 가장 먼저 발달하는 감각이야. 엄마 배 속에 있을 때부터 발달이 이루어지거든. 생각해 보면 이건 너무나 당연한 일이야. 엄마 배 속에서 받을 수 있는 바깥의 자극이 소리 말고 뭐가 있겠어?

사람의 귀는 어떻게 소리를 들을까? 소리는 물체의 떨림이 공기를 통해 우리 귀에 전달되는 것을 말해. 스피커를 가까이에서 한번 봐 봐. 소리가 날 때마다 부르르 떨릴걸. 그러니까 귀가 소리를 듣는다는 건 이런 거야. 물체의 떨림에 의해 생긴 공기의 움직임이 귓속의 고막을 울리고, 고막의 떨림을 귀 깊은 곳에 있는 달팽이관의 청각 세포가 받아들여 뇌에 전달하면, 뇌가 무슨 소리인지 알아차리는 거지.

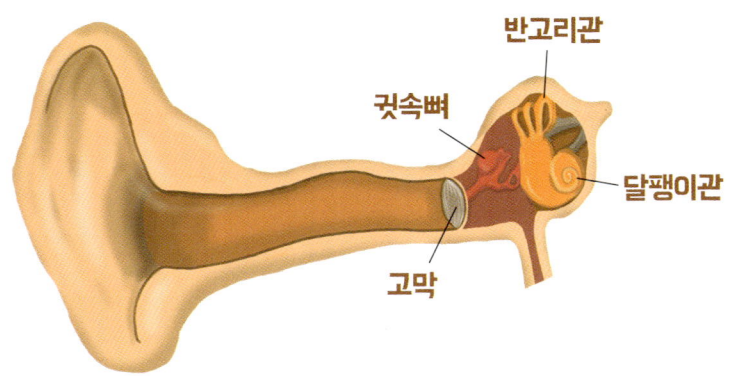

귀는 평형 감각을 느끼는 기관이기도 해. 귀 안쪽에는 반원 모양의 세 관으로 이루어진 반고리관이 있는데, 림프라는 액체가 차 있어서 우리가 움직일 때마다 이리저리 흔들려. 우리 몸은 반고리관 속 림프의 움직임으로 몸이 기울었는지, 바로 서 있는지를 느낄 수 있지.

후각이 맛에 영향을 준다고?

오래전 원시 시대에는 사람들이 살아남는 데 후각과 미각의 역할이 무척 컸어. 사람들은 냄새를 맡고 맛을 봐서 무언가를 먹어도 되는지, 그것이 몸에 이로운지 해로운지를 판단했지.

사람의 코는 어떻게 냄새를 맡을까? 콧속에 있는 후각 세포가 공기 중에 섞여 들어온 냄새 알갱이를 알아차리고 뇌에 자극을 전달해. 그러면 뇌가 무슨 냄새인지 알아내.

사람의 코는 약 1조 가지의 냄새를 구별할 수 있어. 이뿐만 아니라 1조 개의 공기 알갱이들 속에 단 1개의 식초 알갱이만 있어도 식초 냄새를 맡을 수 있지.

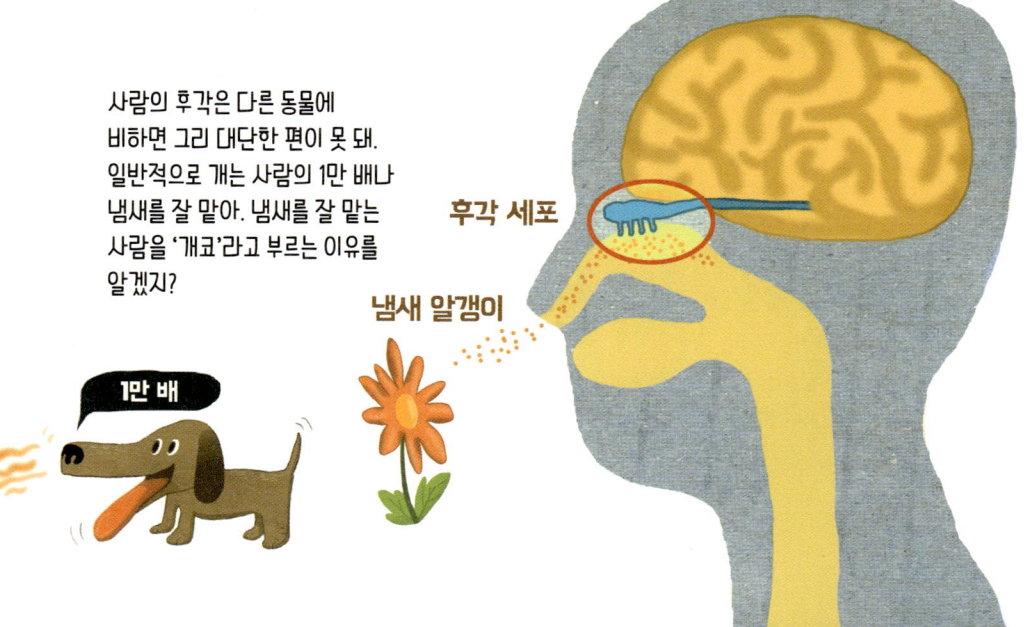

사람의 후각은 다른 동물에 비하면 그리 대단한 편이 못 돼. 일반적으로 개는 사람의 1만 배나 냄새를 잘 맡아. 냄새를 잘 맡는 사람을 '개코'라고 부르는 이유를 알겠지?

후각에 비하면 미각은 좀 단순해. 사람의 혀는 단맛, 쓴맛, 짠맛, 신맛, 감칠맛의 5가지 맛만을 느낄 수 있거든.

매운맛은 왜 없느냐고? 매운맛은 맛이 아니라 아프다는 감각이야. 맛을 느끼는 미각 세포가 아니라 입속 피부에 있는 통각 세포가 느끼는 감각이지. 그러니까 매운맛은 혀가 아프다는 신호인데, 이것이 다른 맛과 섞이면 어떤 사람에게는 기분 좋은 감각이 되기도 하는 거야.

그건 그렇고 사람의 혀가 느끼는 맛이 겨우 5가지뿐이라면, 우리는 어떻게 그처럼 다양한 맛을 구분할 수 있는 걸까? 사실 어떤 음식의 맛을 결정하는 것은 대부분 냄새야. 음식 맛에 민감한 사람들은 미각과 후각이 함께 발달한 경우가 많아.

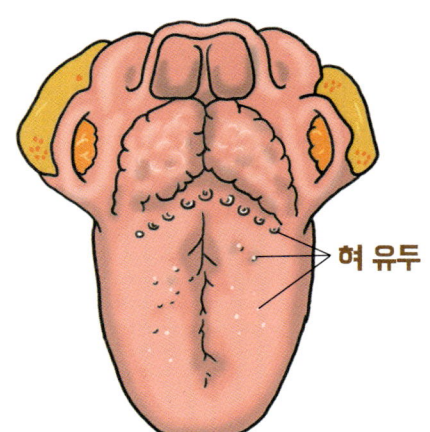

혀 윗면에는 오돌토돌 튀어나온 혀 유두가 있어. 이 혀 유두에 맛을 느끼는 미각 세포가 모여 이루어진 맛봉오리(미뢰)가 있어. 음식물이 혀에 닿으면 맛봉오리의 미각 세포가 자극을 받고, 그 자극이 뇌로 전달되어 맛을 느끼게 돼.

아픔을 느끼는 게 중요하다고?

피부는 우리 몸에서 가장 큰 감각 기관이야. 피부에는 여러 가지 감각을 느끼는 감각점이 촘촘히 자리 잡고 있어. 아픔을 느끼는 통점, 몸이 무언가에 눌리거나 닿았을 때 느끼는 압점, 차가움을 느끼는 냉점, 따뜻함을 느끼는 온점 등이 그것이지.

피부 1제곱센티미터마다 통점은 100~200개, 압점은 25개, 냉점은 6~23개, 온점은 0~3개 정도씩 있어. 하지만 피부 어디에나 똑같은 수의 감각점이 있는 건 아니야. 감각점은 자극에 민감한 곳일수록 더 많아.

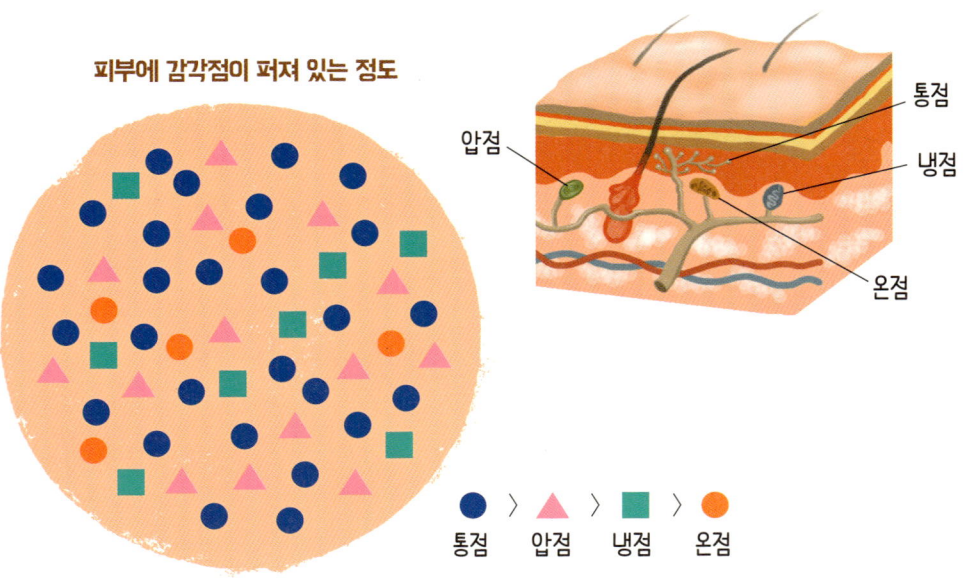

피부에 감각점이 퍼져 있는 정도

통점 > 압점 > 냉점 > 온점

그럼 우리 몸에서 감각점이 가장 많은 곳은 어디일까?

답은 바로 손끝이야. 손끝 1제곱센티미터에는 다른 곳의 4배에 달하는 100여 개의 압점이 있어. 앞을 보지 못하는 시각 장애인들이 손끝에 느껴지는 감각으로 사물이 무엇인지를 알아낼 수 있는 건 그래서야. 점자 책도 두꺼운 종이 위에 도드라진 점들을 손가락으로 더듬어 읽는 방식으로 만들어졌지.

촉각은 몸을 다치거나 생명을 잃을 수 있는 위험한 상황으로부터 우리를 지켜 줘. 뜨거운 물에 데거나, 날카로운 칼에 베이거나, 무거운 물건에 깔렸을 때 아픔을 느끼지 못하면 어떻게 되겠어? 허구한 날 상처투성이에, 자칫 잘못하면 죽을 수도 있겠지. 그래서 우리 몸에 유달리 통점이 많은 거야. 우리 몸에는 약 200만~400만 개의 통점이 있단다.

우리 몸의 대통령, 뇌

뇌는 감각 기관에서 받아들인 정보를 종합해서 상황을 파악하고, 몸의 각 부분에 적절한 명령을 내려. 뇌가 꼭 우리 몸의 대통령 같다고?

사실 뇌가 하는 일은 그보다 훨씬 많아. 생각하고 말하고 감정을 느끼고 움직이는 등 우리가 하는 모든 활동이 뇌의 지휘 아래 이루어지고 있거든. 숨을 쉬고 체온을 조절하고 음식물을 소화하는 것, 뛰고 달리고 구르며 운동하는 것, 이야기를 지어내고 노래를 만들고 그림을 그리는 것, 기쁨과 슬픔과 즐거움과 노여움을 느끼고 표현하는 것을 모두 뇌가 통솔하고 있는 거야.

이렇게 하는 일이 많아서인지, 사람의 뇌는 다른 동물에 비해 무척 큰 편이야. 어른의 뇌는 약 1.5킬로그램인데, 대략 몸무게의 40분의 1쯤 되는 무게이지.

사람을 제외한 다른 동물들은 대개 덩치가 클수록 뇌도 무거워. 육지에 사는 동물 중 가장 몸집이 큰 코끼리는 뇌의 무게가 5킬로그램이나 돼. 바다에 사는 동물 중 가장 몸집이 큰 고래의 뇌도 8킬로그램쯤 돼. 하지만 전체 몸무게에서 뇌가 차지하는 무게를 따져 보면, 사람을 따라올 동물이 없어. 코끼리와 고래의 뇌 무게는 몸무게의 2000분의 1에 불과하거든.

사람의 뇌는 어떤 일을 할까?

사람의 뇌는 크게 세 부분으로 나뉘는데 각각 다른 일을 담당해.

뇌의 한가운데에서 가장 아래쪽에 있는 **연수(숨뇌)**, 연수의 윗부분을 감싸고 있는 **중뇌(중간뇌)**와 **간뇌(사이뇌)**, 그 뒤편에 있는 **소뇌**는 숨을 쉬고, 체온을 조절하고, 음식을 소화하고, 심장을 뛰게 하는 등 사람이 생명을 유지하기 위해 필요한 일들에 관여해.

연수, 중뇌, 간뇌, 소뇌를 둘러싸고 있는 **대뇌변연계(가장자리 계통)**는 어떤 환경에서 몸을 지키고 자식을 낳는 등 살아남기 위해 본능적으로 하는 행동이나 생각과 관련이 있어. 또 그 과정에서 생길 수 있는 분노, 두려움, 즐거움, 행복, 공포, 만족 같은 감정을 느끼고 표현하는 것과도 관계가 있지.

뇌의 가장 바깥에 있는 **대뇌 피질**은 분석하고 기억하고 상상하는 등 높은 수준의 생각과 판단, 감정 활동이 이루어지는 곳이야. 대뇌 피질은 다른 동물에서는 찾아보기 힘들어. 설사 있다 해도 거의 발달하지 않은 부분이지. 대뇌 피질은 사람만이 가진 고유한 특징이야.

뇌의 무게는 몸무게의 겨우 2.5퍼센트에 불과하지만, 우리 몸을 흐르는 피의 15퍼센트를 써. 뇌로 가는 산소와 영양소가 단 몇 분이라도 끊기면, 몸 전체나 일부가 마비될 뿐 아니라 심한 경우 죽을 수도 있어.

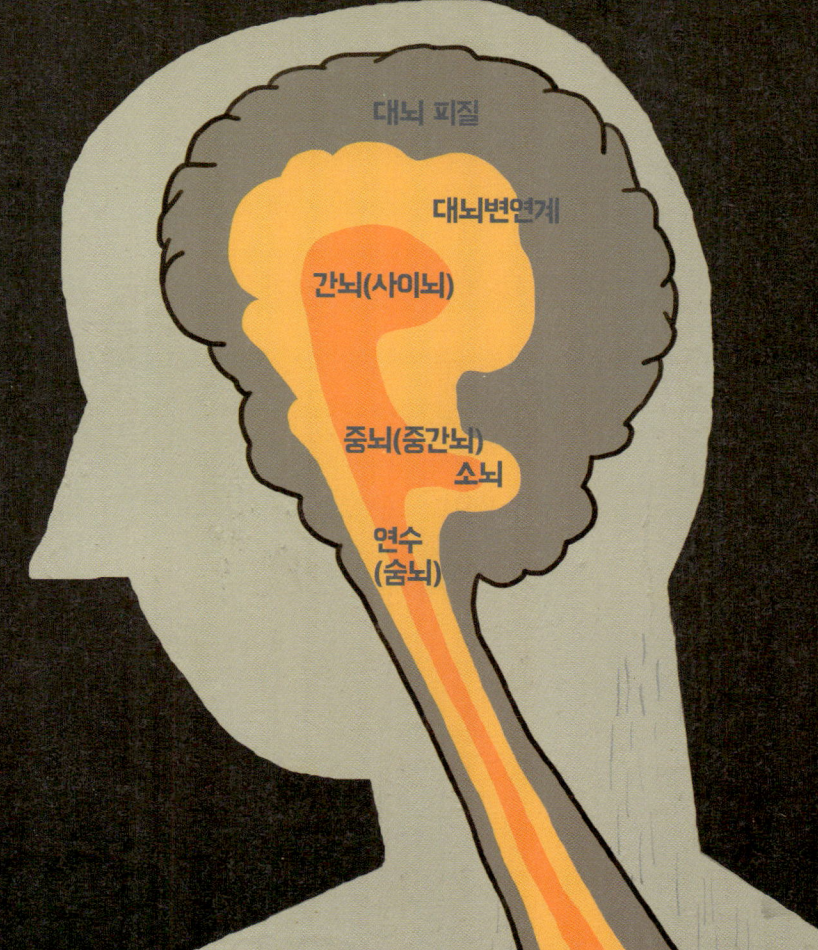

우리 몸의 통신망, 신경

인터넷을 하려면 컴퓨터가 랜(LAN) 선으로 통신망에 연결되어 있어야 해. 그래야 전 세계의 수많은 컴퓨터들과 이어져서 서로 정보를 교환할 수 있지. 우리 몸에서 랜 선과 같은 역할을 하는 게 바로 **신경**이야.

우리 몸에는 머리끝부터 발끝까지 수많은 신경 세포가 있어. 이 신경 세포들이 감각 기관과 뇌, 뇌와 운동 기관 사이에서 쉴 새 없이 신호를 주고받는 덕분에 우리 몸이 조화롭게 잘 움직일 수 있어.

신경 세포는 아주 독특하게 생겼어. 별처럼 생긴 신경 세포체에서 가지 돌기와 축삭 돌기가 기다랗게 뻗어 나와 있지. 신경 세포는 우리 몸에서 가장 긴 세포야. 신경 세포 중에는 1미터가 넘는 것도 있어. 또 신경 세포는 무지 가느다래. 얼마나 가는지, 의사들이 신경을 이어 붙이는 수술이 가장 어렵다고 말할 정도이지.

신경 세포와 신경 세포 사이에 신호가 전달되는 속도는 초속 100미터로 무척 빨라. 가지 돌기가 다른 신경 세포에서 보내는 신호를 받으면, 축삭 돌기가 이 신호를 또 다른 신경 세포로 전달하지.

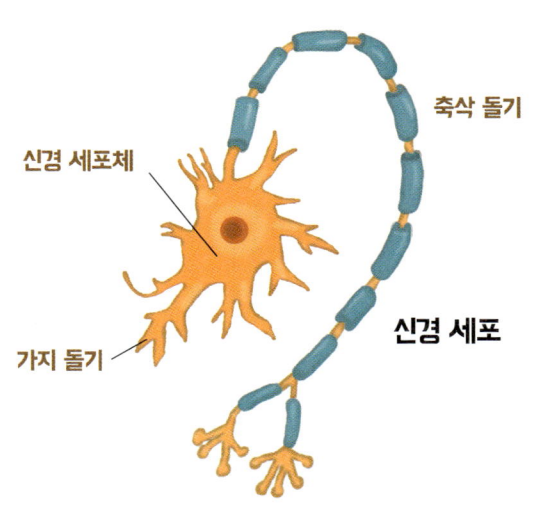

단, 아픔을 전달하는 통증 신호는 초속 0.5~30미터로 다른 감각에 비해 많이 느린 편이야. 왜, 칼에 베이면 시간이 조금 지난 뒤에야 아픔이 느껴지잖아. 그게 바로 통증 신호가 전달되는 속도가 느려서 그런 거야.

통증 신호를 전달하는 신경 세포는 다른 신경 세포에 비해 매우 가늘어서 신호를 전달하는 속도가 느려. 1제곱센티미터 안에 100~200개나 있는 수많은 통점마다 자리를 잡으려면 신경 세포가 아주아주 가늘지 않으면 안 되거든.

더 알아보기

🧠 우주보다 복잡한 사람의 뇌

뇌는 복잡하고 정교하기 그지없는 우리 몸의 여러 기관들 중에서도 단연 으뜸이야. 어떤 과학자는 우리가 사람의 뇌에 대해 아는 것이 광활한 우주에 대해 아는 정도밖에 안 된다고 말하기도 했어.

왜 그럴까? 동물의 뇌가 하는 일은 일정한 규칙이 있어서 어느 정도 예측할 수가 있어. 동물의 뇌는 감각 기관에서 받은 정보를 본능에 따라 판단해서 운동 기관에 명령하지.

그런데 사람의 뇌는 동물의 뇌와는 비교도 할 수 없을 만큼 복잡한 일을 많이 해. 사람의 뇌는 여러 정보를 종합해서 판단하고 결정을 내려. 또 자신의 생각을 말과 글로 다른 사람에게 설명하고, 온갖 감정을 느끼고 표현하며, 그림을 그리고 노래를 하고 춤을 추는 예술 활동도 하지. 이 모든 일을 오로지 사람의 뇌만이 해.

그뿐만이 아니야. 사람의 뇌는 수많은 상황들을 기억해 두었다가 필요한 때에 꺼내 쓸 수 있어. 컴퓨터의 정보 처리 속도가 아무리 빨라지고, 저장 용량이 아무리 커져도 사람의 뇌를 똑같이 흉내 내는 건 불가능해.

과학자들은 사람의 뇌에서 일어나는 여러 활동이 신경 세포 사이의 복잡한 연결 덕분이라고 말해. 뇌에는 약 860억 개에 이르는 신경 세포들이 있는데 이것들이 서로 연결되었다 떨어졌다 하면서 기억을 저장하고, 생각을 하고, 감정을 불러일으킨다는 거지. 하지만 그것만으로 사람의 뇌가 하는 신비로운 일들을 모두 설명할 수 있을까?

가령 뇌의 옆면은 주로 언어와 관련된 일을 해. 뇌의 옆면을 다친 사람들이 말을 하지 못하거나 더듬는 것은 그래서야. 하지만 어떤 사람들은 오랜 연습 끝에 다시 말을 잘하게 되기도 해. 사람의 뇌가 망가진 부분 대신 다른 부분에서 언어를 담당하도록 바꾸기 때문이야. 뇌는 어떻게 그런 일을 하는 걸까?

전 세계에서 많은 과학자들이 사람의 뇌의 비밀을 밝히기 위해 열심히 노력하고 있지만, 아직 우리가 뇌에 대해 아는 것은 아주 작은 부분뿐이야. 과학자들이 왜 1.5킬로그램에 불과한 사람의 뇌가 드넓은 우주보다 더 복잡하고 알기 어렵다고 말하는지 알 것 같지?

⭐ 도전! 퀴즈 왕

1. 감각 기관에 대한 설명으로 틀린 것을 고르세요.

① 우리 몸 바깥에서 오는 다양한 자극을 받아들여 뇌에 전달해요.

② 뇌는 생각하거나 판단할 때 눈을 통해 들어온 정보에 크게 의존해요.

③ 냄새를 맡는 감각인 후각은 우리 몸에서 가장 먼저 발달하는 감각이에요.

④ 귀는 소리와 평형 감각을 느끼는 감각 기관이에요.

⑤ 우리가 느끼는 맛의 대부분은 냄새에 의해 결정돼요.

2. 신경 세포에 대한 설명으로 맞으면 O, 틀리면 X 표시 하세요.

- 감각 기관과 뇌, 뇌와 운동 기관 사이에 신호를 전달해요. (   )
- 아픔을 전달하는 통증 신호는 초속 100미터로 빨리 전달돼요. (   )
- 신경 세포는 아주 가늘어서, 의사들은 신경을 이어 붙이는 수술이 가장 어렵다고 말해요. (   )
- 신경 세포의 축삭 돌기는 다른 신경 세포에서 보낸 신호를 받는 역할을 해요. (   )

3. 뇌의 각 부분은 서로 다른 일을 담당하고 있어요. 아래 그림과 설명을 잘 보고 빈칸에 알맞은 단어를 써 보세요.

① 뇌의 가장 바깥에 있어요. 높은 수준의 생각과 판단, 감정 활동을 담당해요.

② 사람들이 살아남기 위해 본능적으로 하는 행동이나 생각과 관련된 부분이에요. 분노, 두려움, 즐거움, 행복, 공포, 만족 같은 감정을 느끼고 표현하는 것과도 관계가 있어요.

③ 연수, 중뇌, 소뇌와 함께 숨을 쉬고 심장을 뛰게 하는 등 생명을 유지하는 데 반드시 필요한 일들을 조절해요.

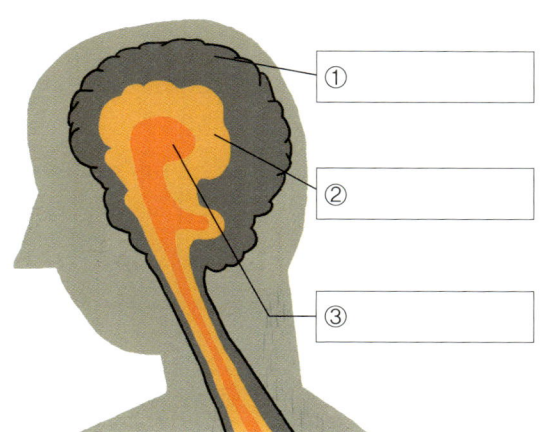

> 질문 있어요!

 **뇌가 크면 더 똑똑하다는 게 정말인가요?**

과학자들은 과거에 살았던 동물의 지능을 가늠할 때 뇌의 크기 또는 무게를 판단 기준으로 삼아. A 공룡 화석의 뇌보다 B 공룡 화석의 뇌가 크니까, B 공룡이 더 똑똑할 거라는 식이지. 멸종한 동물들뿐 아니라, 현재 살아 있는 동물들의 지능을 비교할 때도 뇌의 크기를 가지고 판단할 때가 많아.

그런데 정말로 뇌가 크면 더 똑똑할까? 일반적으로는 맞는 얘기야. 하지만 주의할 점이 있어. 첫째, 단순한 뇌의 크기가 아니라, 몸 전체 크기에서 뇌가 차지하는 비율을 봐야 해. 고래의 뇌는 8킬로그램으로, 1.5킬로그램에 불과한 사람의 뇌보다 훨씬 무거워. 하지만 몸무게에서 뇌 무게가 차지하는 비율은 고래보다 사람이 훨씬 높아. 고래의 뇌 무게는 몸무게의 2000분의 1이지만, 사람의 뇌 무게는 몸무게의 40분의 1이거든.

둘째, 사람과 사람 사이에는 뇌의 무게 차이가 거의 없다는 거야. 사람마다 머리뼈가 더 크거나 작을 수는 있지만, 실제 뇌의 크기에는 큰 차이가 없어. 머리뼈가 크다고 뇌가 더 크고, 머리뼈가 작다고 뇌가 더 작지는 않은 거야. 그러니까 뇌가 크다고 해서 무조건 똑똑한 건 아니란 거지.

⑤

몸에서 가장
특별한 기관

생식 기관이 하는 일

두 로봇의 설계도가 섞이다!

가장 특별한 세포, 정자와 난자

모든 동물은 자신을 닮은 자식을 남겨. 그중 사람처럼 복잡한 조직과 기관을 가진 고등 동물은 암컷과 수컷이 짝짓기를 해서 자식을 낳아. 우리가 아빠의 특징을 절반, 엄마의 특징을 절반 물려받는 것은 그래서야. 겉모습에서는 엄마나 아빠, 어느 한쪽의 특징이 더 두드러지게 나타날 수 있지만 아빠의 특징을 70퍼센트, 엄마의 특징을 30퍼센트 물려받는 경우는 없어. 누구나 엄마, 아빠의 특징을 정확히 50퍼센트씩 물려받아.

1장에서 아빠에서 온 아기 씨인 정자와 엄마에서 온 아기 씨인 난자가 합쳐져 수정란이 된다고 했던 거, 기억하니? 정자와 난자는 아주 특별한 세포야. 우리 몸의 다른 세포들과 달리, DNA가 절반밖에 없거든.

정자와 난자의 DNA가 다른 세포의 절반이 아니라면 어떤 일이 일어날까? 정자와 난자가 결합해서 수정란이 되었을 때 DNA의 양이 다른 세포의 2배가 되겠지. 그럼 곤란하잖아. 그래서 정자와 난자에는 DNA가 절반만 들어 있어.

DNA가 절반만 있으면 빠지는 내용이 생기지 않느냐고? 놀랍게도 우리 몸의 DNA는 비슷한 내용이 둘씩 짝을 이루어 들어 있어. 그래서 DNA가 절반으로 나뉘어도 내용상 빠진 것은 없단다.

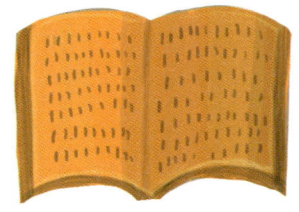

우리 몸의 세포에는 DNA가 비슷한 내용끼리 짝을 이루어 들어 있어. 아래 책 그림을 우리 몸의 DNA라고 하면, 왼쪽 페이지와 오른쪽 페이지의 내용이 비슷한 거야.

이런 경우 책의 가운데를 찢어도 내용상 빠진 건 없어. 왼쪽 페이지와 오른쪽 페이지가 비슷한 내용을 담고 있으니까. DNA도 그래. 반으로 나뉘어도 유전 정보에는 빠진 게 없어.

이걸 정자와 난자가 만나 수정란이 되는 경우에 적용해 보면

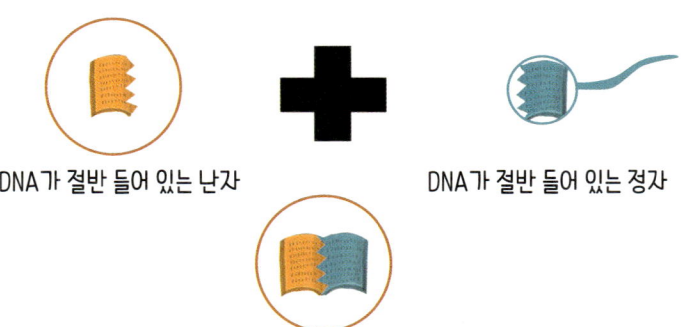

DNA가 절반 들어 있는 난자   DNA가 절반 들어 있는 정자

정자와 난자가 합쳐져서 수정란이 되면, 지구상에 하나밖에 없는 새로운 DNA가 만들어져.

형제자매는 DNA가 똑같을까?

같은 엄마, 아빠에게서 태어난 형제자매의 생김새나 성격이 다른 건 왜일까? 물론 DNA가 다르기 때문이지. 같은 엄마, 아빠에게서 물려받았는데 왜 DNA가 다르냐고?

첫째, 우리가 엄마 아빠에게 받을 수 있는 DNA는 1가지 종류가 아니야. 사람의 DNA는 비슷한 내용이 둘씩 짝을 이루고 있고, 정자와 난자에는 그중 절반이 들어간다고 했잖아. 예를 들어 아빠의 DNA에 비슷한 내용의 A1, A2가 짝을 이루고 있다면 그중 하나만 정자에 들어가. 엄마의 경우도 마찬가지야. 엄마의 DNA를 이루고 있는 B1, B2 중 하나만 난자에 들어가. 한 쌍의 DNA 중 어느 쪽이 정자와 난자에 들어갈지는 아무도 몰라. 그러니까 우리가 엄마, 아빠에게 받을 수 있는 DNA의 조합은 총 4가지인 거야.

둘째, 종이가 매번 다른 모양으로 찢어지는 것처럼, 정자와 난자에서 DNA가 절반으로 나뉘는 방식도 늘 달라.

같은 부모에게서 태어난 형제자매의 DNA가 서로 다른 이유가 이해되니? 그림으로 다시 한번 살펴볼까?

같은 엄마, 아빠에서 태어난 형제자매의 DNA가 다른 이유

① 엄마, 아빠에게 받을 수 있는 DNA에는 총 4가지 종류가 있어.

② 정자와 난자에서 DNA가 절반으로 나뉠 때 그 결과가 매번 달라.

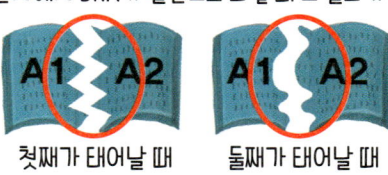

첫째가 태어날 때   둘째가 태어날 때

일란성 쌍둥이의 경우는 좀 달라

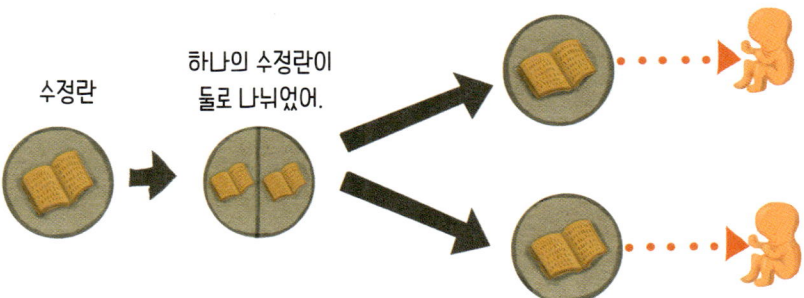

일란성 쌍둥이는 하나의 수정란이 둘로 나뉜 경우이기 때문에 DNA가 거의 같아. 그래서 일란성 쌍둥이는 생김새나 성격이 무척 비슷하지. 하지만 두 개의 난자와 정자가 각각 수정란을 만드는 이란성 쌍둥이는 쌍둥이라도 생김새나 성격이 별로 닮지 않았어. 이란성 쌍둥이는 서로 DNA가 다르거든.

남자와 여자의 생식 기관

정자와 난자를 만들고, 수정란이 아기로 자랄 수 있도록 키우고 보호하는 역할을 하는 기관을 **생식 기관**이라고 해. 생식 기관은 아이를 낳기 위해 마련된 기관이야. 생식 기관이 없어도 살아가는 데는 아무 문제가 없어. 우리 몸에서 생명을 유지하는 것과 상관없이, 특정한 상황에서 정해진 기능만 하도록 만들어진 기관은 오로지 생식 기관뿐이야. 참 특별한 기관이지?

생식 기관에서만 볼 수 있는 특별한 점은 또 있어. 사람의 다른 몸속 기관은 남자와 여자의 구별 없이 똑같아. 그런데 생식 기관만큼은 남녀가 눈에 띄게 다르게 생겼단다.

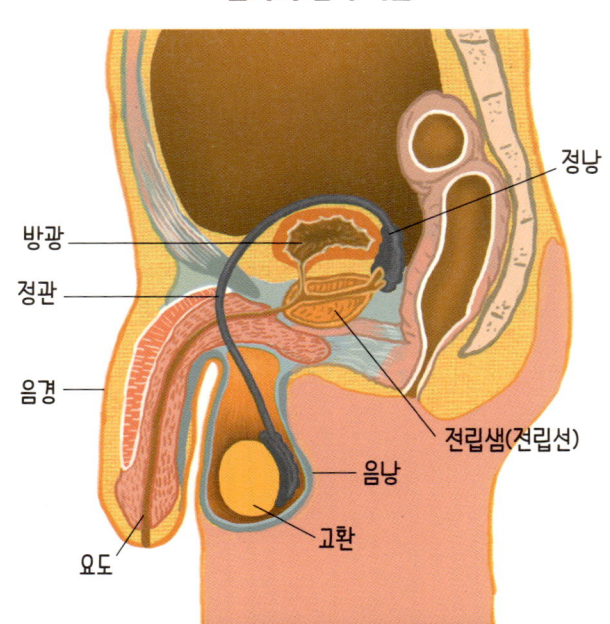

남자의 생식 기관

남자의 생식 기관인 음경은 몸 밖으로 나와 있어. 정자는 고환에서 만들어져, 오줌을 몸 밖으로 내보내는 관인 요도를 따라 밖으로 나와. 반면에 여자의 생식 기관은 몸 안에 숨겨져 있어. 난자는 난소에서 만들어져 자궁으로 보내지지.

정자는 길이가 0.05밀리미터가량 되는데, 꼭 올챙이처럼 생겼어. 여자의 몸속에 들어가면 정자는 난자를 향해 꼬리를 흔들면서 열심히 헤엄쳐. 난자는 지름 0.1~0.2밀리미터가량의 둥그런 구야. 0.1~0.2밀리미터라고 하면 무지 작게 느껴지겠지만, 그래 봬도 난자는 우리 몸에서 가장 큰 세포야. 난자에는 수정란이 됐을 때 쓸 영양소가 가득 들어 있거든.

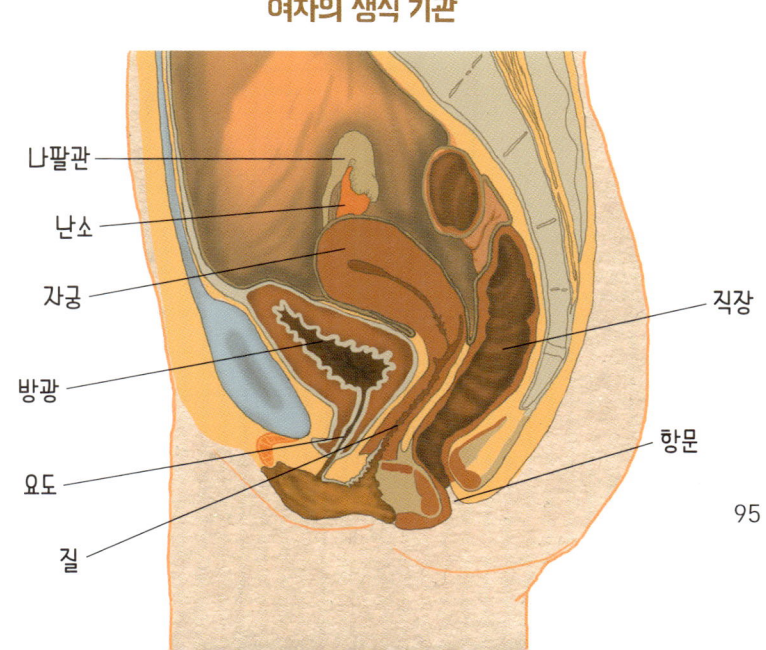

여자의 생식 기관

수정란이 자라서 아기로 태어나!

남자는 정자를 끊임없이 만들 수 있어. 어른 남자의 몸속에서는 정자가 하루 동안 약 1억 개나 만들어져. 여자는 안 그래. 여자는 매달 1개씩, 평생 300~500개 정도의 난자만 만들 수 있어. 난자는 무척 귀한 세포이지.

상황이 이렇다 보니 난자를 만나기 위해 정자들 사이에 벌어지는 경쟁은 상상을 초월해. 남자는 한 번에 수억 개의 정자를 쏟아 내는데, 그중 난자와 만나서 수정이 되는 정자는 단 1개뿐이야. 정말 무시무시한 경쟁이지?

게다가 난자와 정자가 만나 수정란이 되었다고 다 끝난 것도 아니야. 수정란이 엄마 배 속에서 쑥쑥 자라서 아기가 태어나기까지는 아직도 많은 과정을 거쳐야 해.

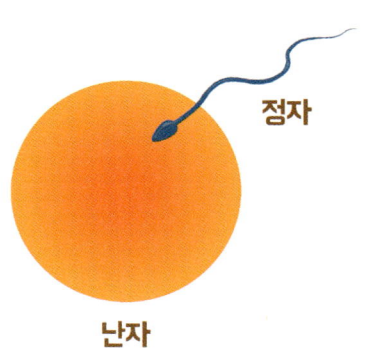

수정란은 수정이 되자마자 세포 분열을 시작해. 수정이 된 후 5~7일 동안 수정란은 세포 분열을 하면서 나팔관을 타고 자궁으로 가. 수정란이 자궁벽에 안전하게 자리를 잡으면 그제야 비로소 임신이 되었다고 말할 수 있어. 자궁벽에 제대로 붙지 못한 수정란은 금세 죽고 말거든. 처음 얼마간은 수정란 안에 있는 영양소로 살 수 있지만, 그건 아주 잠깐뿐이야. 자궁벽에 붙어서 엄마의 몸으로부터 영양소와 산소를 받을 수 있어야 죽지 않고 계속 자랄 수 있어.

이다음부터는 너도 잘 아는 내용이야. 수정란은 분신술과 변신술로 세포 수를 늘리고, 특별한 모양과 기능의 세포로 분화해. 그렇게 두 달쯤 지나면 사람 모양을 갖춘 태아가 돼. 엄마 배 속의 태아는 하루가 다르게 자라서 열 달 후, 마침내 세상으로 나와.

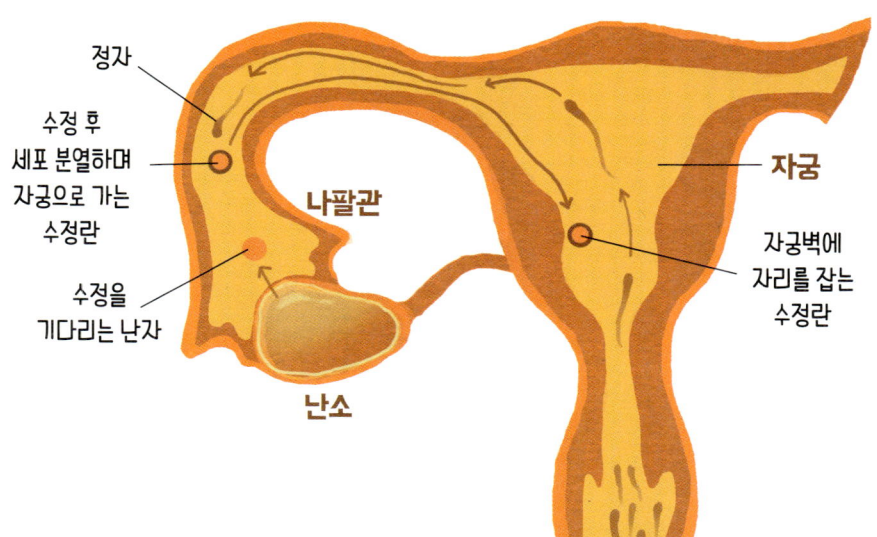

사람의 몸은 세상에서 가장 완벽해!

알면 알수록 세상에 사람의 몸처럼 신비로운 것은 없다는 생각이 들지 않니? 작디작은 수정란에서 복잡한 생명이 시작되는 것도 그렇고, 30조 개가 넘는 세포가 하나로 연결되어서 한 치의 오차 없이 움직이는 것도 그래.

게다가 우리 몸에 필요 없는 기관이나 조직은 하나도 없어. 저마다 가장 적합한 모양과 기능을 갖추고, 제 역할을 착착 해내고 있지.

비행기 1대를 관리하는 데는 수백 명의 사람이 필요하다고 해. 그래도 비행기 사고가 나는 걸 완전히 막을 수는 없어. 비행기와는 비교할 수 없을 만큼 복잡하고 정교한 우리 몸은 어떨까? 놀랍게도 우리 몸은 아주 작은 관심을 기울이는 것만으로 큰 문제 없이 움직여.

몸에 좋은 음식을 먹고, 맑은 공기를 마시고, 규칙적으로 운동을 하고, 편안히 쉬는 것만으로 충분해. 우리 몸은 제 기능을 다하도록 스스로 보살피고 관리할 줄 알거든.

단언컨대, 사람의 몸은 세상에서 가장 완벽해. 과학 기술이 아무리 발달해도 사람보다 뛰어난 기계를 만들 수는 없을걸.

> 더 알아보기

🚌 무성 생식은 뭐고, 유성 생식은 뭘까?

사람처럼 남자와 여자가 함께 자식을 만드는 것을 유성 생식이라고 해. 반면에 암수가 만나지 않고 둘 중 한쪽만 있어도 새로운 생명이 탄생하는 것은 무성 생식이라고 해.

무성 생식은 세균, 아메바, 짚신벌레 같은 단세포 생물에서 자주 볼 수 있어. 짝을 찾지 않아도 자식을 만들 수 있어서, 유성 생식에 비해 자식을 만들기가 훨씬 쉽거든. 예를 들어 세균은 자신의 몸을 2등분해서 새로운 세균을 만드는데, 10시간이면 100만 개 이상으로도 늘어나.

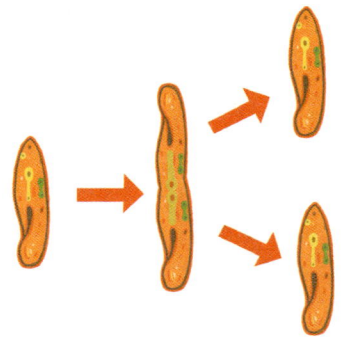

무성 생식 방법의 하나인 '이분법'이야. 세포 분열로 만들어진 각각의 세포가 새로운 개체가 되는 거지. 가장 간단하고 원시적인 생식 방법으로 세균, 아메바, 짚신벌레 등이 이분법으로 수를 늘려.

이렇게 간단히 개체 수를 늘릴 수 있는 방법이 있는데, 사람을 비롯해 많은 동물들이 어렵게 짝을 찾아서 유성 생식을 하는 이유는 뭘까?

유성 생식을 하면 아빠와 엄마에서 온 유전자가 섞이면서 부모와는 전혀 다른 새로운 생명이 태어나. 반면에 무성 생식으로 태어난 자식은 부모와 100퍼센트 똑같지.

어떤 종의 유전자가 똑같으면 멸종할 위험이 높아져. 만약 그 종에 치명적인 병이 유행하면 그 종 전체가 한꺼번에 사라질 수도 있거든. 하지만 유전자가 다양하다면 병이 돌더라도 몇몇은 살아남을 수 있을 거야. 유전자에 따라서 병에 강한 것도 있을 테니까. 그리고 그렇게 살아남은 몇몇이 다시 수를 늘리고, 유전자의 다양성을 유지해 나가겠지.

사람들은 대부분 자신과 다른 점이 많은 상대에게 끌린다고 해. 어쩌면 우리 몸속에는 자신도 모르는 사이 다양한 유전자를 남기고자 하는 본능이 자리 잡고 있는 건지도 몰라.

⭐ 도전! 퀴즈 왕

1. 아래 설명을 잘 읽고 정자인지, 난자인지 써 보세요.

① 길이가 0.05밀리미터가량이고 꼭 올챙이처럼 생겼어요. (   )

② 수정란이 쓸 영양소가 들어 있으며, 우리 몸에서 가장 큰 세포예요. (   )

③ 여자는 이것을 매달 1개씩, 평생 300~500개만 만들 수 있어요. (   )

④ 남자는 이것을 끊임없이 만들 수 있어요. 하루 동안 약 1억 개나 만들지요.
   (   )

2. 아래 설명을 잘 읽고 임신 과정을 순서대로 써 보세요.

① 수정란이 5~7일 동안 세포 분열을 하면서 나팔관을 타고 자궁으로 가요.

② 난자와 정자가 하나로 결합해 수정란이 돼요.

③ 수정란이 자궁벽에 자리를 잡고 붙어서 엄마의 몸으로부터 영양소와 산소를 받을 수 있는 상태가 돼요.

④ 수정란이 난자에 들어 있던 양분을 이용해서 세포 분열을 시작해요.

_____ → _____ → _____ → _____

3. 정자, 난자, 수정란에 대한 설명으로 맞는 것을 고르세요.

① 정자와 난자는 우리 몸의 다른 세포들처럼 완전한 DNA를 갖고 있어요.

② 누구나 아빠 DNA의 50퍼센트, 엄마 DNA의 50퍼센트를 물려받아요.

③ 같은 엄마, 아빠에게서 태어난 형제자매는 같은 DNA를 가져요.

④ 정자와 난자가 결합해서 수정란이 되면 DNA가 2배가 돼요.

⑤ 아빠를 더 닮은 자식은 아빠의 DNA를 더 많이 받은 것이고, 엄마를 더 닮은 자식은 엄마의 DNA를 더 많이 받은 거예요.

4. 아래 그림을 잘 보고 빈칸을 채워 보세요.

아빠의 DNA   엄마의 DNA

사람의 DNA는 비슷한 내용이 둘씩 짝을 이루고 있어요. 따라서 엄마, 아빠에게서 받을 수 있는 DNA는 A1B1, ① ☐, A2B1, ② ☐ 총 4가지가 있어요.

질문 있어요!

 **태아는 엄마 배 속에서 무엇을 하나요?**

난자와 정자의 결합으로 만들어진 수정란은 나팔관을 타고 자궁으로 가서 자궁벽에 달라붙어. 이것을 '착상'이라고 해. 수정란이 자궁벽에 안전하게 착상하면 '태반'이 만들어져. 태반은 태아와 자궁벽 사이에 있는 기관이야. 태아에게 산소와 영양소를 공급하고, 노폐물을 내보내는 일을 하지. 태아는 '탯줄'이라는 관으로 태반과 연결되어, 엄마로부터 영양소와 산소를 받아.

태아는 처음 3개월 동안 엄청나게 빠른 속도로 세포 분열을 하면서 사람의 모습을 갖추어 가. 이 기간 동안 태아는 뇌세포가 발달하고, 심장이 뛰기 시작하며, 몸속 기관들이 자리를 잡지. 할머니, 할아버지께서 임신한 지 얼마 안 된 때일수록 조심해야 한다고 말씀하시는 건 그래서야. 특히 약을 먹어야 할 일이 있을 때는 주의를 기울여야 하지.

3개월부터 7개월까지 태아는 키와 몸무게가 조금씩 자라. 감각 기관이 발달해서 엄마 아빠의 목소리를 들을 수 있고, 스스로 몸을 움직일 수도 있게 되지. 8개월부터 10개월까지는 태아의 몸이 급격히 커지는 시기야. 약 1킬로그램에 불과했던 몸이 3킬로그램 이상까지 자라지. 엄마의 배 속은 태아가 안전하게 자랄 수 있는 최고의 장소야. 우리 모두는 이렇게 엄마의 배 속에서 40여 주 동안 세상에 나올 준비를 마친 다음 태어났단다.

글쓴이 김정훈

카이스트(KAIST)에서 생물학으로 석사 학위를 받았다. 동아사이언스에서 기자로 활동했고, 그 뒤 다양한 소프트웨어 융합 교육 서비스를 만들고 있다. 만든 소프트웨어 교육 서비스로 '아이팝콘', '네모' 등이 있으며, 지은 책으로 『과학은 쉽다 2 생물의 분류』, 『맛있고 간편한 과학 도시락』, 『과학을 알아야 코딩이 쉽다!』 등이 있다.

그린이 김명진

대학에서 동양화를 공부했다. 그린 책으로 『어린이 저작권 교실』, 『수호의 영웅 도전기』, 『열든지 말든지 밴댕이』, 『창의적인 생각이 왜 세상을 바꿀까?』, 『고양이에게 책을 읽어 줘!』 등이 있다.

3 우리 몸의 기관

과학은 쉽다!

1판 1쇄 펴냄 2015년 11월 17일   1판 6쇄 펴냄 2021년 5월 27일
2판 1쇄 펴냄 2022년 4월 20일   2판 3쇄 펴냄 2023년 5월 16일
글 김정훈 **그림** 김명진
펴낸이 박상희 **편집장** 전지선 **편집** 송재형 **디자인** 정상철, 이슬기
펴낸곳 (주)비룡소 출판등록 1994. 3. 17(제16-849호)
주소 (06027) 서울시 강남구 도산대로1길 62 강남출판문화센터 4층
전화 02)515-2000 **팩스** 02)515-2007 **홈페이지** www.bir.co.kr
제품명 어린이용 반양장 도서 **제조자명** (주)비룡소 **제조국명** 대한민국 **사용연령** 3세 이상

ⓒ 김정훈, 김명진, 2015. Printed in Seoul, Korea.

ISBN 978-89-491-8930-7 74400/ 978-89-491-8927-7(세트)